OHSAMA BUNKO

話し方で好かれる人 嫌われる人

野口 敏

三笠書房

はじめに――「人生を変えるエッセンス」が満載の本

「運のいい人」と聞いて、どのような人をイメージするでしょうか。

私の主宰《しゅさい》する「話し方教室」の生徒さんの中に、「幸運に恵まれた人」がいます。

彼女は、友人から、

「○○という会社が、××という専門技術を持つ技術者を募集しているよ。あなたも、その技術、持ってるよね？　試しに受けてみたら」

と教えられ、その会社の面接を受けに出かけました。

すると、トントン拍子に話が進み、見事、その一流企業に転職が決まったのです。年収も、なんと百万円近く増えたとのこと。

この話を聞いて、みなさんはどう思われましたか？

「運がよくていいなぁ」

「話し方の教室に通っているから、面接もお手のものでしょ」

と、その幸運をちょっぴり、うらやましく思った方もいるかもしれませんね。

でも、彼女はどちらかと言えば、口ベタで引っ込み思案。おとなしい雰囲気の方です。つまり、幸運を引き寄せるために、必ずしも巧みな話術が必要、というわけではないのですね。

私が感じている**「運がいい人」の条件**とは、ずばり、**「人とつながる意欲」と「ハートの温かさ」**を持っていること。

「人とつながる意欲」のある人は、職場での挨拶《あいさつ》ひとつをとっても、「おはようございます」などの一言を大切にしています。

また、同僚の服装の変化などにも敏感で、「春らしい服装ですね。素敵ですね」と声をかけます。

少し前に相手から聞いた話を覚えていて、「お子さんのお怪我《けが》、その後いかがですか」などと気づかうこともできるのです。


こうした**日常の「何気ないやり取り」を、温かい気持ちで行なう**ことを続けていると、いつのまにか人との「絆《きずな》」が生まれ、

「いつも感じがいい人だな。あの人のためなら、何かをしてあげたい」

「いつも私のことを気づかってくれて、優しい人だな。私も何か彼女の手助けをしてあげられないかな」

と思ってもらえるようになっていきます。

つまり、**心の奥底に、人に対する温かで優しい気持ちがある人は、まわりから好かれ、応援され、引き立ててもらえる**ということ。

どんな話し方のテクニックを身につけるよりも、「ハートに温かさがある」ことのほうが大切なのです。

人は、心の冷たさ、自分勝手な態度、打算の気持ちに敏感です。

「なんだか、最近、ツイてないなぁ」なんて思っている人は、ちょっと立ち止まって、自分の心を見つめ直しましょう。

どんな人でも、「気持ちのこもったコミュニケーション」を心がければ、人との関係が温かいものになり、そこに大きな幸福があることに気づけます。すると、人生は自然と「いい方向」に向かうものです。

私は、この本を、

「あなたの人生が、まばゆいばかりの光に満ちたものでありますように。その光があなたのまわりも照らしますように」

との願いを込めて書きました。

まずは、心が動いた言葉を身近な人に使ってみてください。

きっと、うれしい変化が自分にも、まわりにも起こるはずです。

野口　敏

もくじ

1章 好かれる人は「ご縁」に敏感

……面白いほど初対面の人とスムーズに話せる！

2章

好かれる人は「感情表現」がうまい

……だから、あの人と話すと楽しくなる！

3章

好かれる人は「心がオープン」

……「相手を受け止める力」もついてくる！

4章

好かれる人は「男と女の心の機微」に精通

……パートナーシップにも〝コツ〟がある

5章

好かれる人は「前向き」に表現する

……自分の幸せは「一〇〇％、自分の責任」！

6章 好かれる人は「反感」を抱かせない

……気づかないうちに「運」を逃す人とは？

7章

好かれる人は「気持ちを伝える」達人

……「言いたいこと」は飲み込まない！

8章

好かれる人は「賢く自分本位」

……いちいち「気にしすぎない」会話のコツ

1章

好かれる人は「ご縁」に敏感

……面白いほど初対面の人とスムーズに話せる！

「願ってもない幸運」は人が運んできます

初対面の相手と話すのが苦手、という方は多いですね。

小さい頃から「知らない人とは、話をしてはいけません」と多くの人が親から、あるいは学校で言われてきたことでしょう。

たしかに、子供に対しては、一理ある教えだと思います。でも、この本を手に取ってくださった方は、おそらく立派な大人のはず。

知らない人とのつきあい方を、今ここで見直してほしいと思います。

そして、**「知らない人とは、積極的に話してみる」**と、頭にインプットし直してほしいのです。

友達、恋人、仕事のパートナー、お客様……**今、あなたが親しく話をしている人たちのほとんどが、はじめは「知らない人」**だったはず。

まったくの初対面から、何らかの「きっかけ」があって知り合いになり、次第に親しくなって、今ではあなたの「信頼できる人」「大好きな人」「かけがえのない人」になっているわけです。

「耳寄りな情報」がドシドシ集まる人の秘密

「知らない人とつながる力」がついてくると、あなたの毎日は、いちだんと新鮮で、楽しく、実り多いものへと変わっていきます。

知らない人と積極的に「ご縁」を結んでいくと、そこから思いもかけないチャンスや運をつかめたりもします。

たとえば、同じマンションに住む人とエレベーターや廊下ですれちがう時、どのような態度を取っていますか？　口の中で、もごもごと挨拶らしき言葉を言う程度？　それとも会釈《えしゃく》だけ？　まさか無言！　人の気配を感じたら、さっと隠れる？（わお！）

また、電車でつり革につかまって立っていた時に、前の座席に座っている人が少し詰めてくれたおかげで座ることができたとします。あなたは、その人に「ありがとうございます」ときちんと顔を見て、感謝の念がこもった声ではっきりとお礼を言うことができますか？

こんなよくあるシチュエーションで、きちんとしたコミュニケーションが取れる人は案外少ないように思います。

でも、初めて会った人とでも、にこやかに、そして穏《おだ》やかに「気持ちの交流」ができる人は、人生に「いいこと」を呼び込める人です。

人間関係というと、「家族」「学校」「職場」「趣味の場」などしか思い浮かばない人も多いでしょう。

でも、「袖振り合うも多生《たしょう》の縁」という言葉もある通り、挨拶をかわすだけの人、たまたま行き合った人との間にも「人間関係」はあるのです。それらも含めたすべてが人間関係であり、素晴らしいご縁なのです。

ショッピングに出かけた先での店員さんとの会話、飲食店で隣同士に座った人たちとのささやかな交流、病院の待ち時間に交わす、ちょっとした感情のやり取り……。

たまたま出会った人に、自分のほうからつながりを求めていきましょう。そこから**「心温まる交流」**が生まれたり、**「耳寄りな情報」**が得られたり、**「願ってもない幸運」**をつかむきっかけが手にできたりすることも、あるかもしれません。

そう！　知らない人と「気持ちを通わせる」ことは、私たちにとって、とても重要で、深い意味を持っているのです。

「初対面の人と打ち解ける力」を磨くと、いい仕事ができるようになり、恋のチャンスにも恵まれるようになります。

なぜなら、人はたくさんの人と「心を通い合わせる」ことで自分を知り、数々の感情を体験することで、人として成長していくからです。

2

秘訣は「温かい気持ち」をやり取りすること

私たちはさまざまな場面で、他人と「気持ちのやり取り」をしています。

近所の人に「おはようございます」と言う時も、スーパーのレジ係りの人に「ありがとう」と言う時も、私たちは、お互いに気持ちを送り合い、受け取り合っているのです。

そして、ここがポイントなのですが、私たちは、

「相手からもらった気持ち」

には敏感な一方で、

「自分が送った気持ち」には、無頓着《むとんちゃく》なことが多いのです。

でも、「毎日を幸せなことでいっぱいにしたい」「運のいい人になりたい」「人に好かれたい」と思うなら、何よりも**「自分が相手に送っている気持ち」に敏感になること**です。

運のいい人が知っている「こだま」の法則って？

同じ「おはよう」や「ありがとう」を言うのでも、心の中に優しい気持ちがある場合と、形式的に口にしているだけの場合とでは、「相手への響き方」は、まったく違ってくるでしょう。

そして実は、自分が相手に送った気持ちは、自分自身にも「こだま」のように戻ってきているのです。

これこそ、運のいい人だけが知っている**「人間関係の大いなる秘密」**です。

運のいい人、幸せな人、人に好かれる人は、このことに無意識のうちに気づいていて、いつでも人に優しい気持ちで接し、心が温まるような幸運をますます招き寄せていきます。

一方、いつも何だかうまくいかない人、なぜか人から敬遠される人は、自分がいい加減な気持ちや無礼な態度で人と接していることに気づいていません。だから、ますます「ツイてない」ことが起こったりするのです。

ですから、いつでも「優しく喜びに満ちた気持ち」で周囲の人に接することが大切なのです。

そうすれば、その気持ちは「こだま」のように自分へと返ってきて、不思議なくらい明るく楽しいエネルギーが人生に充満するようになるのです。

こうすれば会話がはずむ、「いいこと」があふれ出す！

もうひとつ、ここで「驚きの事実」をお伝えしておきます。

それは、**あなたの現実は、あなたが日々、抱いている気持ちや感情から生まれている**、ということです。

なぜなら、いつも「温かい前向きな気持ち」で、チャーミングな笑顔を心がけている人は、その気持ちにふさわしい素敵な人たちを引き寄せます。

すると、恋のチャンスも増えますし、職場でも引き立ててもらえることが多くなります。経済的にも恵まれるでしょう。

一方、「暗く否定的な気持ち」「冷たくぞんざいな態度」で生きていれば、意地悪で自分勝手な人たちばかりが、まわりに集まってくるでしょう。すると、いさかいやトラブルなど、「いいこと」とは正反対のことばかり起きることになるのです。

他人に無頓着で、挨拶もあまりしない人は大抵、

「人の頼みは、なるべく引き受けたくない」

「面倒なことに巻き込まれるのはごめん」

という気持ちを抱いています。

つまり、まわりの人を「拒絶」しているわけです。すると、その拒絶のエネルギーを感じ取ったまわりの人たちは、

「この人には、声をかけないほうがいいんだな」

「あまり近寄らないようにしよう」

と思うものです。結果、孤独な毎日へ一直線となります。

ですから、「袖振り合う」程度のささいな関係の人にも、「優しい気持ち」を送ってあげること。

その積み重ねが、「素早く、確実に」幸運を引き寄せることにつながります。

自分が他人に送る気持ちは、自分自身の未来を創るエネルギーになっているのです。他人との間に「壁」をつくらず、いつでも温かい気持ちでコミュニケーションしようと心がけている人には、「温かく幸せな出来事」が次々と起こることでしょう。

3

「何気ない挨拶」から広がっていく世界

あなたは会社で、自分とは違う部署の人や、別のフロアーで働く同僚とも、日頃から気さくに言葉を交わしているでしょうか。

また、同じビルに入っている他社の人と、エレベーターなどで出会った時に、挨拶のあとで「最近は、暖かくなりましたね」などと自分から声をかけて雑談することはあるでしょうか。

幸運に恵まれる人になるためにも、あらゆる機会をとらえて、たくさんの人たちと**「気持ちの交流」**をしていただきたいものです。

なんとなく挨拶するだけだった相手、「浅い気持ち」しか送っていなかった人たちに対しても、これからはもっと「温かな気持ち」を送ってみてください。

たとえば、同じマンションやご近所に住む人で、これまで接点がなかった人にも、しっかり挨拶ができたら、

「こんにちは。お子さん、何歳ですか？」

「おはようございます。今日、雨が降りそうですね」

などと声をかけてみてください。きっとそこから、

「今、子供たちの間では、あんなキャラクターが流行《はや》っているのか」

「最近、近所に美味《おい》しいパン屋さんがオープンしたんだ」

など、新鮮な情報が入ってきて、思いがけず世界が広がっていくはずです。

相手を「ふんわりした気分」で包む一言

たとえば、自宅近くで宅配便の配達をしている人に出会った時、「挨拶なんてしない」という人が大半かもしれません。でも、その方はきっとあなたの家にも

荷物を届けてくれる人です。

そんな時にも**「ご苦労さまです」**と声をかけられる人が、運をつかむ話し方ができる人なのです。

「ご苦労さま」は、目上の人が目下の人にかける言葉、といわれることもあります。

たしかに、職場で部下が上司に向かって「ご苦労さまです」と言ったら、上司はムッとするかもしれません。でも、日常生活を送る中で、温かな気持ちを込めて言う分には、神経質になる必要はありません。

「思いやりがある人だな」と思ってもらえることはあっても、「尊大な人だ」と思われることは、ほとんどないと思います。


ちなみに警察官、郵便配達員さん、新聞配達員さんなどにも「ご苦労さまです」と挨拶できます。

そんな人たちに温かな気持ちで「ご苦労さまです」と言ってみてください。あなたが送った「温かな気持ち」が、あなた自身の心の中にパーッと広がることでしょう。

そう、**「ご苦労さまです」と口にしたあなたが、いちばん幸せな人になる**わけです。

「そっけない態度」が返ってきても気にしない

エレベーターに乗り込む時、すでに乗っている人に軽く会釈をすることもお勧めです。「開く」ボタンを押して、自分を先に降ろしてくれる人には、「ありがとうございます」と、きちんと顔を見て言ってください。

また、道路で道を譲ってくれた人や車のドライバーには、会釈すると共に相手の心に向かって感謝の気持ちを送ってみてください。

こういうことを続けていると、心の底から幸せを実感できるはずです。

でも、「自分から会釈をしたり、声をかけたりする勇気がありません。もし、そうして無視されると、傷ついてしまいます」という方もいるでしょう。それは、「相手から優しい気持ちをもらうこと」を期待しているから。

たしかに、勇気を出して声をかけたのに、そっけない態度を取られたら、はじめは少し傷ついてしまうかもしれません。

でも、**大事なのは「あなたが相手にどんな気持ちを送ったか」**です。

たとえ相手から「温かい反応」が返ってこなくても、気にしないこと。

その人は、ちょっと驚いてうまく言葉が出てこなかったのかもしれませんし、何か考え事をしていたのかもしれません。仕事に集中していて、とっさに返事ができなかったのかもしれません。相手には、「相手の事情」があるものです。

でも、**「自分がどのような気持ちを送るか」だけに意識を集中**していけば、相手の反応はあまり気にならなくなります。

あなたの気持ちが温かくなればなるほど、会釈したり言葉をかけたりした相手から笑顔が返ってくる回数が増えて、あなたはより幸せな気持ちになれます。

そんなあなたのまわりには、きっと素晴らしい人たちが集まってきます。

そして、そんな**素晴らしい人たちを引き寄せたのは、ほかでもない、あなた**なのです。

「見知らぬ人は自分の人生とは無関係」と思って生きていた日々を、「なんだか、とっても、もったいなかったなぁ」と思い返す日が、あなたにもきっと訪れますよ。

4 つい、人見知りしてしまう人へ

「公園デビューが、できないんです」

「学校で、なかなか友達ができなくて……」

「転職したばかりで、新しい会社になじめません」

読者の中には、こんな悩みを抱えている方もいらっしゃるかもしれません。

でも、よく知らない人たちの会話の輪に入っていくことには、誰しも、二の足を踏んでしまったり、腰が引けてしまったりするもの。自分から声をかけるのはなかなかむずかしく、躊躇《ちゅうちょ》してしまうことがあるものです。

そこで、ここではあっという間に、あなたがその場にいる人から受け容れられて仲良くなれる、とっておきの方法をお教えしましょう。

それは、**アイコンタクトを活用**することです。

アイコンタクトは、コミュニケーションの入り口。そして、一瞬で人の心を開かせる驚きのコミュニケーション・ツールです。

ところが、人や環境になかなかなかなじめない人は、自分からアイコンタクトを取るのが苦手なことが多いようです。

私の主宰する話し方教室を初めて訪れる方の中にも、アイコンタクトを避けてしまう方は大勢います。

たとえば、生徒の中には教室を初めて訪れた時に、電話で話をしたことがある受付の女性社員には「こんにちは」と挨拶をしても、彼女の横に立って挨拶をしている私にはアイコンタクトもせずに素通りする人が、少なくありません。

私は、ちょっとさびしく思うと同時に、

「それだと、人とうまくコミュニケーションが取れないことが多いのでは？」と、その人の背中に向かって、そっと心の中でつぶやいたりするのです（もちろん、私の教室に通っていただくうちに、アイコンタクトも自然に上手になっていきます）。

気軽に「アイコンタクト」を取るだけで……

アイコンタクトを積極的に行なうだけで、あなたに話しかけてくる人が増えます。

ある女子学生の方は、「大学でも、別に通っている専門学校でも、友人ができないから、何とかしたい」と、私の教室にやって来ました。

私は早速、彼女に「積極的なアイコンタクト」をお勧めしました。

すると翌週、彼女が満面の笑みをたたえてやって来て、

「先生、すごいですよ！　たくさんの人が私に話しかけてきてくれるようになり

ました。友達もできて、電車で一緒に帰ったんです。実家から関西に出てきて、初めてのことでした！」

と、一気にまくし立てたのです。

彼女は、専門学校のエレベーターを使った時、同じクラスの女性が乗り込んでくるのに気がつき、まずアイコンタクトを取って、次にやわらかな声で「お疲れさまです」と言葉をかけたそうです。

すると、次の授業が終わった時には、その女性から声をかけられて、そのまま同じ電車で帰ったとのこと。たったひとつのアドバイスで、彼女の人生がガラリと好転するなど、講師冥利《みょうり》に尽きます。

「挨拶しても無視されたら……」の乗り越え方

人見知りをする人は、人に拒絶されることを極度に恐れています。

「アイコンタクトを送っても、反応がなかったら傷ついてしまう。だから、自分からは決してアイコンタクトを取らない」

そう決めている人が、「人見知り」なのです。

そして、ほとんどの人は「人から拒絶されること」を恐れています。

でも、人見知りの人の「拒絶的な態度」に、まわりの人は傷ついてしまっています。

そうなのです！　**人見知りの人たちは、拒絶を恐れることで、相手を拒絶し、傷つけている**のです。

「そうだったのか」と、合点がいく話ではありませんか？

多くの人は、

「自分には価値がないから、他人は自分にそっけない態度を取る。受け容れてもらえないんだ」

と思い込んでいますが、それは誤解です。真実は、「自分が相手を拒絶しているから、人間関係がうまく回らない」のです。

人間関係を豊かにして幸せに暮らしたい、人生に「いいこと」を引き寄せたいと思うなら、自分から進んでアイコンタクトを取り、微笑《ほほえ》みを送り、「こんにちは」と言ってみること。

たとえ、相手が返事をしてくれなさそうであっても、です。

多くの場合、相手はあなたが思うよりも、ずっと優しくあなたに応えてくれるでしょう。なぜなら、人は誰でも、**「他人と心を通わせること」に喜びを感じるものな**のですから。

5

この一言の「癒しパワー」でいい雰囲気に!

私は最近、小さなマンションに引っ越しをして、新しい生活を始めました。

そこに住んでいる人は、見ず知らずの人ばかりで、三十代前半の若い夫婦が中心です。そして、みなさん例に漏《も》れず、積極的に他人とコミュニケーションを取ろうとはしないのです。

そんな人たちに、いきなり私のようなおじさんがフレンドリーに話しかけても、戸惑ってしまうだろうと思い、コミュニケーションは挨拶だけに留《とど》めていました。

しかし、そんな相手でも、**つい笑顔になってしまう一言**があります。

それは、

「行ってらっしゃい」
「お帰りなさい」
です。

思わず「ふっ」と気持ちがほぐれる言葉

朝、私は新聞を取りに玄関ホールに降りていきます。すると、出勤のために部屋から出てきた人と顔を合わせることがあります。

その時「おはようございます」に続けて「行ってらっしゃい」と言うと、どの人も一瞬、戸惑ったような顔をします。

でも、大抵の人は、その後、「ふっ」と笑って、急にくだけた表情を見せ、「ありがとうございます、行ってきます」と言ってくれるのです。

特に一人暮らしをしている方などは、気持ちのこもった「行ってらっしゃい」「お帰りなさい」を長い間、かけてもらっていないかもしれません。

だから、一瞬、何と返してよいのか、戸惑ってしまうのでしょう。でも、親に毎朝、送り出してもらっていた記憶がよみがえり、何だか「懐《なつ》かしい気分」になって笑顔になるのでしょう。

「行ってらっしゃい」「お帰りなさい」は、職場でも使えます。

営業に出かける上司や同僚に「行ってらっしゃい」と声をかけ、戻ってきたら「お帰りなさい」と言ってみましょう。もちろん、できるだけアイコンタクトを取って、「あなたが伝えたい気持ち」を込めるようにします。

「行ってらっしゃい」には、

「頑張《がんば》って」

「応援しているから」

の気持ちを。

「お帰りなさい」には、

「お疲れさまです」

「待っていましたよ」

という思いを。

「行ってらっしゃい」「お帰りなさい」という言葉には、驚くほどの**「癒《いや》しの効果」**があります。

もし、あなたが家庭を持っているのなら、家族への「行ってらっしゃい」「お帰りなさい」をなおざりにしないこと。

その一言に「温かい気持ち」がこもっていれば、それは、家族をまもるシールド（盾《たて》）になるでしょう。夫や妻は、元気や勇気をもらえるでしょうし、子供は「親から愛されている安心感」を持つはずです。

ちょっとした言葉もおろそかにせず、「あなたが伝えたい気持ち」をしっかりのせて声かけをすれば、人間関係は穏やかで円満なものになりますし、あなたの運もきっと上向いていくはずです。

6 いきなり「核心」に迫っていませんか？

「会話が続くかどうか」を心配するあまり、人に話しかけるのをためらう人は少なくありません。せっかく話しかけたのに、話題がなくなって「シーン」とする瞬間が訪れるのが怖いのでしょう。

そこで、まずは**会話を気楽に始められ、面白いくらい相手が自分から話をしてくれるようになるコツ**をお伝えしましょう。

まず、覚えておいていただきたいのが、**「いきなり答えを求める質問はしない」**ということです。

たとえば、小学生の子供を持つお母さんたちが集まる場所で、

「お子さんは、どこの塾に行っているのですか？」

「私立の中学は、どこを目指していますか？」

など、**いきなり〝核心に切り込む〟ような質問はしない**、ということです。

なぜなら、こうした質問は、「自分のテリトリーに突然、ズカズカと入り込まれた」ような気分にさせてしまうからです。

「やんわり言葉」で語尾もやわらかく

相手を「戸惑わせる」ような言葉をかければ会話は長続きしません。人は「相手の意図するところがわからない質問」を受けると警戒心を抱いて、返事を渋ってしまうからです。

そこで、会話をラクに始めるために、ぜひ身につけていただきたいのが、

「漠然としているけれども、答えやすい言葉を投げかける話術」

です。

たとえば、先ほどの小学生を持つ母親ばかりが集まっているところでなら、

「やはりみなさん、お子さんをいい塾に通わせていらっしゃるのでしょうねぇ」

「中学入試も、もう考えていらっしゃるのでしょうねぇ」

といった具合に、**やんわりとした言葉**を投げかけます。その際、**語尾もやわらかくする**のがコツです。

こういう質問のよさは、「決まった答え」を求めていないところにあります。聞かれたほうは答えなくてもいいし、答えてもいい。何を答えてもいい。

つまり、相手は「自由な状態」に置かれているのです。

人は自由な状態に置かれると、気持ちがゆるんで警戒心も薄れ、イメージ力も高まって、いろいろと話し始めるものなのです。

投げかけるなら「その場にふさわしい話題」を

もうひとつ、注意していただきたいのが、

「その場にふさわしい言葉を投げかける」

ようにすることです。


例に挙げた小学生の子供を持つ母親の集まりでなら、「塾」や「中学入試」の話題を出しても、誰も違和感を持たないはずです。

一方、小学生のお母さんの集まりで、

「みなさんも、お酒がお好きなんでしょうねぇ」

などと、突然、何の脈絡もなく話を切り出したら、いくら漠然とした言葉でも、そこにいる人たちは「えっ?」となって、口をつぐんでしまうでしょう。


あくまでも、**その場に集《つど》っている人たちが違和感を持たない言葉**を投げかけるよう意識してください。

たとえば、同じ職場の女子社員が集まっているところなどであれば、

「○○さんの部署は、新しいシステムになったから、戸惑うこともあるでしょう」

といった具合です。

「やんわり言葉」「その場にふさわしい言葉」を心がけるだけで、その場の会話を穏やかな気持ちで楽しめますし、好かれる人の話し方のコツがつかめると思います。

\ 7 /

相手との話が「勝手にはずんでいく」ポイント

話すことに苦手意識を持っている方の話を聞いていて、感じることがあります。

それは、彼らは、

「みんなを引きつけるような話題をくり出して、話の中心になること」

に憧《あこが》れているのだな、ということ。

特に「ユーモアあふれる会話」には、みなさんとてもご執心《しゅうしん》のようで、

「どうすればユーモアたっぷりに話すことができますか？　教えてください！」

と、よくアドバイスを求められます。

しかしそれは、これから野球を始めようとグローブとバットを買ったばかりの人が、
「とにかく、ホームランが打ちたいんです！　ホームランの打ち方を教えてください」
と口にするようなものなのです。

「へー♪　それは楽しみだね」反応上手になろう

「華やかなところ」にばかり目をやって、いきなりそこを目指しても、「基礎」ができていなければ望む力は身につきません。

コミュニケーション力を磨いて人間関係をよくしたい、人生に「いいこと」を引き寄せたいと思うなら、**まず、相手の話を聞いている時は「よい反応を示す」**ことに意識を集中させてください。

それが**相手との話が「勝手にはずんでいく」ポイント**です。

「私って、話が続かないし、誰と話していてもイマイチ盛り上がらない」

と悩んでいる方は、「話題が少ないこと」が問題というケースもありますが、それ以上に「反応が小さく遅いこと」が原因であることがほとんどです。

たとえば、相手がウキウキした表情で、

「今度、劇団四季のミュージカルを観に行くんだ♪」

と話したら、あなたはどのように応じるでしょうか。

会話が苦手な人は、

「劇団四季って、どんな演目を上演しているんだっけ？　観たことがないから、どう返せばいいいか思いつかない」

「ここで何と言えばいいのだろう」

などと、どう返事を返すかにばかり意識を奪われて、肝心の「相手の言葉への反応」に気が回りません。

しかし、**言葉を発した人が相手に求めているのは、「自分の話に対する反応」**

であって、「聞き手の話」ではないのです。

たとえ自分が劇団四季の舞台を観たことがなくても、相手の高揚している気持ち、楽しみでワクワクしている様子は、その口ぶりでわかるはず。

ですから、「今度、劇団四季のミュージカルを観に行くんだ♪」と言われたら、まずは、

「へー♪　それは楽しみだね」

と反応すること。そして、顔の表情、声音、まなざし、態度のいずれかで、

「ミュージカルを観に行くのが待ちきれないというあなたの気持ちは、わかっていますよ！　もっと話を聞かせて！」


と示すことです。それで相手は大満足なのです。

相手の言葉に反応したら、今度は相手が話し始めるのを、

「さあ、あなたの話を聞きますよ」

といった表情で落ち着いて待っていればよいのです。話題はあなたではなく、話し手の中にありますから、あなたは相手が口を開くのを待つだけ。

一度これを実行してみれば、「会話とは、とてもシンプルなものである」ことがわかるでしょう。

そして、適切に反応するだけで、相手が楽しそうにしゃべり出し、

「この人と話していると、何だか楽しい、気持ちいい」

と、あなたに好意を持ってくれていることが実感できるはずです。

こうした経験を積み重ねていくことで、あなたもコミュニケーションを取ることが好きになるに違いありませんし、人生が好転していくのも感じられるはずです。

8 さわやかで好感度の高い「話の切り方」

「挨拶をしたり、話しかけたりしたあと、会話が続くか心配」

という人は少なくありません。そういう人は、会話が滞《とどこお》るのが怖くて、他人に話しかけるのを躊躇してしまうのだそうです。

そんな悩みを抱えている人に対して、私はよく、

「はじめから『会話を二往復でやめてしまうつもり』で、人に話しかけてみましょう」

とアドバイスしています。

二往復なら、おそらくほとんどの方がこなせるのではないでしょうか。

たとえば、職場で始業前のひと時に、こんなふうに同僚と会話をしてみます。

あなた「今日は暖かいですね」
相手「うん、コートを着て出勤したの、失敗だったわ」
あなた「まさか、こんなに暖かくなるなんて思いませんものね」
相手「そうよ」
あなた「もう春なんですね……あ、そろそろ席に戻りますね」

これでいいのです。

「運がよくなる話し方」を体得している人は、「会話の切り上げ方」もさわやかなので、好感度が高いのです。

実は、話すことがなくなったら、そこで会話を打ち切っても大丈夫。

大事なのは、**いかにその場を立ち去るか**、だと思ってください。

大切なのはアイコンタクト、反応のよさ、表情

話が続かなくなると、顔をこわばらせてうつむいてしまう人がいます。それでは、相手は「拒絶された」と受け取ってしまいます。

加えて、話すこともないのに、いつまでもグズグズとその場にいられては、相手も迷惑でしょう。

こんな時に「きれいな去り方」ができれば、会話のストレスも軽くなります。

話が二〜三往復続いて、話すことがなくなったら（もちろん話が盛り上がったのなら、もっと話してもいいのですよ！）、相手に笑顔を向けて、「ではこれで」でも「席に戻ります」でも結構ですから、何か一言、口にして、その場を離れることを伝えます。

話が途切れそうなことは、相手も雰囲気でわかりますから、あなたが立ち去れば、ほっとします。

特に**去り際の笑顔は、大変な好印象**を与えます。

大事なのは、「会話の長さ」ではなく、**アイコンタクトや反応の仕方**、そして**表情**なのです。

こうして、少しの会話でも人との関係をよくできることを知れば、会話への苦手意識が薄れていきます。すると、「人と話すこと」がもっと楽しくなり、なぜか運もよくなっていくのです。

あなたも早速、誰かとの「二往復の会話」にチャレンジしてみましょう。

2章

好かれる人は「感情表現」がうまい

……だから、あの人と話すと楽しくなる！

9

「感情をくみ取る」練習をしよう

会話が上手な人ほど、

「話を聞くというのは、むずかしいことですね」

と言われます。

こういう方は、おそらくあと一歩で**「人の話を聞くコツ」**を身につけることができるでしょう。


「人の話を聞く力」を上達させるには、「話の内容を聞く」ことはもちろんですが、「相手の感情に耳をすませる」ことが欠かせません。

これは、「好かれる人の話し方」をマスターするための大切なポイントです。

もちろん、会話は「言葉」や「情報」をやり取りするものです。

しかし、人は話す言葉に乗せて、「自分の気持ち」も伝えようとしています。

そして、**好かれる人は「相手が言外に伝えたい気持ち」をくみ取って、敏感に反応することができる**のです。

たとえば友人があなたに、

「最近、彼からのＬＩＮＥの返事が遅くなってきて、ちょっと心配なの」

と言ったとします。

ここで彼女が「訴えたいこと」「心配していること」は、その言葉通りの意味（ＬＩＮＥの返事が遅くなってきていること）ではなく、

「返事が遅くなってきたのは、彼の気持ちが自分から離れてしまったから？　不安だわ……」

ということですね。

そこに気づける人が、**相手の感情に注目できる人**なのです。そういう人は、すぐさま相手の気持ちを察して、「それは心配ね」と、不安な気持ちに寄り添おうとします。

すると、友人は「自分の不安な気持ちに気づいてもらえた、共感してもらえた」ことにほっとして、心を開くでしょう。

「デートの回数も減ってきていて……」

「彼に送ったＬＩＮＥも既読になるまでに時間がかかるの」

など、「正直な気持ち」を打ち明けてくれるかもしれません。

こうした展開になれば、友人にとってあなたは「自分の気持ちをわかってくれる大切な存在」になることは間違いありません。

「表面上の言葉」より「心の奥の気持ち」に注目

人は自分の話をしながら、**「心の奥にある感情」に共感してほしいと思ってい**

ます。「楽しい感情」であれば共有して盛り上がりたいし、「イヤな感情」なら吐《は》き出して気持ちを浄化したいのが人情でしょう。

しかし、「相手の感情に鈍感な人」は、感情よりも情報のほうに意識が向いてしまうのです。たとえば、先ほどの「彼に送ったLINEも既読になるまでに時間がかかる」という話には、

「そんなに心配なら、彼に直接聞いてみたらいいじゃない」

「大丈夫なんじゃないの？　すぐに返事が来る男のほうがせわしなくて私はイヤだわ」

などと返してしまいます。相手が望んでもいない「解決策」を提示したり、自分の考えを押しつけたりするわけですね。

すると相手は、感情を理解してもらえなかった「さびしさ」から、

「この人に、大事な話を打ち明けるんじゃなかった」

と後悔するでしょう。そして、心の中の「大事な人リスト」から、その人の名前を外してしまうのです。

つまり、「相手の感情を理解した上で話を聞くこと」ができない人は、人間関係で損をしているし、運も逃しやすいわけです。

「私のことをわかってほしい」気持ちに寄り添える人

では、他人の「心の奥にある感情」をくみ取れるようになるには、どうすればいいのでしょうか。

それには、まず**「自分の感情」を受け容れること**が欠かせません。

自分の「弱さ」を認めたくない人、「悲しみ」「怒り」「憎しみ」「劣等感」などを拒絶している人は、心にフタをしています。そのため、他人の感情にも鈍感になってしまうのです。

反対に、自分の「弱さ」を受け容れ、どんな感情が湧いてきても、その大部分を許し、受け容れている人は、心がオープンになっています。そんな人は、他人の感情にも共感できるのです。

実は、

「他人の気持ちを理解できる人」と「できない人」の差

とは、

「自分の感情を感じ取る力」の差

にあったのですね。

他人の気持ちを理解するのは簡単なことではありませんが、**「相手のことをわかってあげたい」という気持ちは相手に伝わります。**

そして、「相手がわかってほしい気持ちはなんだろう」と想像しながら話を聞く姿勢に、人は「私のことを思いやってくれているんだな。優しい人だな、ありがたいな」と感じます。当然、信頼もするでしょう。

人と会話をする時には、相手の感情に寄り添うこと。

それが、「好かれる人の話し方」のコツなのです。

10 「気持ちを言葉にできる人」は魅力的

「話し上手な人」とは、

「この人と話していると楽しいな」

「とても魅力的な話し方をする人だな」

とまわりの人に思ってもらえる人です。

そして、そのためには**自分の感情をオープンにすることが不可欠**です。

たとえば、あなたがスーパーに行って、お弁当を買ったとしましょう。

レジで支払いを済ませ、ふと振り返ってみると、お弁当コーナーに人だかりができています。気になって近づくと、なんと、お弁当が全部百円引きになっています。

こんな時、あなたならどんな気持ちになりますか？

感情がオープンな人であれば、

「くやし～！」

「ツイてない！」

「腹が立つ！」

と、素直に感じるでしょう。

そして、あとで家族や同僚などに、

「百円あれば、食後のデザートにシュークリームも買えたのに～」

「私がお弁当を手に取った時、お店の人はなぜ、そのことを言ってくれなかったの～、人でなし～！」

「この恨《うら》み、一生忘れないわ～」

などと、その時に抱いた思いを、やや誇張した表現で脚色しながら、リアルに話して聞かせるかもしれません。

それを聞いた人は、その話に引き込まれ、その人に親しみを持つことでしょう。

「とほほ……」な気分こそ笑い話に変えていく

一方、会話が苦手な人はこの文章を読んで、

「百円くらいで、ちょっとオーバーでは？　そこまで思う人はいないはず」

と思ったかもしれません。

でも、**「魅力的な話し方ができる人」、そして運がいい人、まわりから引き立ててもらえる人は、こうした感情表現を、ただただ楽しむことができる**のです。

別に、本当に怒っていたり、恨みに思っていたりするわけではありません。

「う〜ん、ちょっと残念！」

「こんな目にあうなんて。とほほ……」

「わー、超ラッキー♡」

「すご〜く、面白い！」

こうした**「心に浮かんでくる、ちょっとした気持ちを言葉にして表現する喜び」**に浸《ひた》っているだけなのです。

あなたもぜひ、気のおけない人と、心の赴《おもむ》くままに感情を表現し合ってみてください。自分の感情をリラックスして表現できると、

「こんなことで、ここまで楽しい気分になれるなんて！」

「お金もかからないし、誰にも迷惑もかかっていないし、すごいなぁ」

と、幸せな気持ちがムクムクと湧いてきますよ。

感情が豊かな人に笑顔が多いのは、「表現する喜びに目覚めてしまった」からなのかもしれませんね。

自分の感情を抑え込んでいる人は、自分の気持ちをおおらかにつかみ取り、そ

れを言葉にして表現することが苦手です。

先ほど例に挙げたスーパーの場面についても、「お弁当を買ったら、すぐあとで百円引きになりました。損をしました」という程度で話が終わります。

「自分は口ベタだなぁ」

「自分が話すと、どうも、まわりのテンションが下がる」

と思っている人は、どうぞ「自分が感じた気持ち」をゆったりした気分で表現することを心がけてみてください。

あなたが自分の気持ちを言葉で表現すると、相手もその気持ちを感じ取ることができます。**自分と相手の間に「気持ちの橋」がかかるのです**。すると、相手も、

「本当に悔しいね！」

といった「共感の言葉」を返してきてくれるかもしれません。

まわりから愛される人、運のいい人は、こうした「感情的なつながり」をたくさんの人と築いているのです。

「感情の通り道」にフタをしてませんか

　ここで、あなたの感情がどれくらいオープンになっているかを調べてみてください。

題して「あなたの怒り度チェック」。

　次の五つの設問に、あなたがどれくらいの「怒り」を感じるか、十点満点で答えてください。最高に怒りを感じるのなら十点、まったく感じないなら〇点です。

①五歳下の後輩が「〇〇さん、私、今日は早く帰るんで、あとはちゃんとやっといて」とタメ口で言う。　（　　）点

②電車に乗ろうと列に並んでいたら割り込みをされた。（　　）点

③友人に貸したお気に入りの本。返ってきたのを見たら、線が引いてあったり、コーヒーをこぼした跡があったりしたのに、詫《わ》びの言葉もなかった。（　　）点

④自分の携帯電話の中を恋人が勝手に見た。（　　）点

⑤電車の座席に座っていたら、網棚から他人のカバンが落ちてきて自分の頭に当たったのに、持ち主は小さい声で「すいません」と言ったきりだった。

（　　）点

さて、あなたはそれぞれに何点をつけましたか？

合計点は五十点でしょうか？

それとも二十点？

もし、平均点が五点以下なら、あなたは怒りを抑圧している可能性が高いです（もしくは、心が「神様の領域」にあるのかも？）。

「怒り」の気持ちだって、口にしてOK

実は、現代人が最も抑圧している感情は「怒り」です。

「怒り」を表現すると「争い」につながる可能性が高いので、私たちはそれを抑えつけるべきだと信じ込まされているのです。

そのため、なんとか怒りをこらえよう、心の奥に封じ込めようとします。

本当は怒っているのに、「怒っていない」と思い込むことで、ストレスから逃れようとしている、ともいえます。

しかし、**怒りを封じ込めるというのは、「感情の通り道にフタをすること」**です。

ですから、怒り以外の感情をも、閉じ込めてしまうことになるのです。

これからは、怒りを感じたら、「私は怒りを感じている」と素直に認めること。

この時、必ずしも言葉や行動で表現する必要はありません。ただし、どうしても怒りを覚えた相手にそれを伝えたいなら、**「私は怒りました」と冷静に事実だ**

けを伝えることをお勧めします。

「私、あまり怒らないほうなんです」と微笑んでいる人は、私から見れば、むしろ要注意なのです。

たとえば、誰かから暴言を吐かれたり、ひどい仕打ちを受けたりした時に、

「こんなこと、大したことじゃないわ。気にしていない」

「あんな言葉を口にできるなんて、むしろ『かわいそうな人だ』と思ってしまう」

「私が悪かったのかもしれない」

と、傷ついたことを認めなかったり、ごまかしたりすることは、心の健康が蝕《むしば》まれることにつながります。

「なんだか最近、疲れやすい」

「心の底から笑えなくなった」

「何を見ても感動しない」

「人に関心がなくなった」

こうした症状を自覚しているのなら、自分の感情を閉じ込めている可能性があります。こうした心の状態では、人の話を共感しながら聞くこともむずかしいですし、感情を共有し合うことも叶《かな》いません。

当然、運勢も下降気味になり、人間関係もうまくいかなくなってしまいます。

どんな感情も「ある」と受け容れるとラクになる

「ムカッ」としても、その気持ちをつい抑圧してしまう傾向がある方には、これからは怒りをしっかりと感じていただきたいと思います。

もちろん、パイプ椅子を振り上げて、その怒りを発散しろとか、暴言を吐きまくれと言うつもりはありません。

ただ、自分の中に怒りがあるのを自覚して、

「あ、私、怒ってるな」

と認めるだけでいいのです。

それだけでもあなたの怒りは、心の中でスッと溶けていきます。

自分の感情に素直になり、どんな感情も「ある」と認めること。それが、感情豊かに生き、いい人生を引き寄せる第一歩となります。

12

「感想を話す」だけで心の距離がグッと近くなる

「感情豊かで、楽しい人」、そして「運のいい人」になれる夢のような方法があります。

それは、**「事実」を話したあとに、「感想」を加えること。**

なぜなら、人は事実よりも、「その人がそれをどう感じているのか」に興味を抱きますし、どんな感想を持っているかを知ると、**「親近感」**を抱くからです。

たとえば、オリンピックであなたが応援していた選手が惜しくもメダルを取れなかったとします。そんな時は、

「○○さん、メダル取れなかったね。**とっても残念！**」

と、必ず、あなたの感想をはっきりと表現しましょう。

上司から嫌味《いやみ》を言われたら、

「また、○○課長から、嫌味を言われたよ～。**感じわるーい**」

と気のおけない同僚に、こっそり言ってみましょう（もちろん、上司の耳に入らないところで）。


イケメンばかりが来ると言われた合コンが中止になったら、

「すっごく期待して可愛い服まで買ったのに、**悲しーい**」

と言ってみてください。


人気のレディースランチが、あと一人分だけ残っていたら、

「わあ、ツイてる！　**うれしい**」

とお店の人に言うことです。

このように**「事実＋感想」というスタイル**を意識していると、次第に感情表現がうまくなり、会話も上達して、「彼女と話していると楽しいな」「彼ともっと会話をしたい」と思ってもらえるようになっていきます。

「自分を見せない人」の話はつまらない

一方で、人間関係が苦手な人は、「他人の目」を気にして、こうした感想を気軽に口にすることに、ためらいを感じてしまいます。

でも、心の中では、

「課長に嫌味を言われたぐらいで『感じが悪い』などという表現を使えば、攻撃的な人間と思われるのでは？」

「合コンに期待していたと知られたら、『結婚を焦《あせ》っている』と思われるかも」

「お得なランチにありついたぐらいで喜ぶなんて、浅ましいと思われるのでは？」

などとグルグルと考えているのです。「自分の本心が他人に知られたら、悪い評価を受けてしまうのでは？」と不安なのでしょう。

とはいえ、こうした不安から口をつぐんでいると、「つまらない人」という烙《らく》印《いん》を押されかねません。加えて、自分の感情にフタをしたことからくるストレスで、ヘトヘトに疲れてしまうでしょう。

こんな状態で「楽しい人」「運のいい人」「好かれる人」になるのは、「夢のまた夢」です。

「感情」とは、あなたそのもの、あなた自身。

ですから、感情表現を禁止するのは、自分を牢獄《ろうごく》の中に閉じ込めるようなものです。

さあ、暗い穴から、勇気を持って顔を出しましょう。自分をすなおに表現すれば、同じように自分を解放している楽しい人と知り合えますよ。

13

上手に「弱音を吐ける」と愛される

さて、ここまで「自分の感情を表現できる人は魅力的で好かれる」と書いてきましたが、感情を表現しようとした時に、あなたの前に立ちはだかるのが**「ネガティブな感情」**です。

なぜなら、世間では「ネガティブはいけない。いつもポジティブでいなさい」としきりに言われているから。「こんなネガティブな感情を口にしては嫌われてしまうのではないか」と心配になってしまうのです。

しかし、私は世の中の「行きすぎたポジティブ信仰」に違和感を覚えています。

人間には、ポジティブな面も、ネガティブな面も存在します。

喜びも悲しみも、強さも弱さも持っているのが人間なのです。

そして「ネガティブな感情」を否定するとは、自分の存在そのものを否定するのと同じことなのです。

心に湧いてくる「ネガティブな気持ち」を否定せず、むしろ**「ネガティブな感情を楽しんでしまう」**。それこそが、どんな時も運を呼び込むコツになります。

ダメな自分を「面白おかしく」実況中継！

たとえば、私は本がうまく書けない時、決して「ポジティブ・シンキング」はしません。自然な感情に逆《さか》らうと、気持ちが暗くなってしまうからです。それどころか、社員に向かって、

「もうダメだぁー。限界だぁー。俺はダメなヤツだぁー。俺のことはもう忘れてくれー」

と、面白おかしく言います。

すると、社員は大笑いしながら、

「大丈夫！　キミならできる。キミは天才だ！」

と応《こた》えてくれます。

そんな言葉を聞いて、私も大笑いするのですが、不思議なことに**笑うと「ひらめき」がやって来る**のです。

ダメな時は、むしろすなおに「ダメだぁー」と言葉にすると、かえって気持ちが朗《ほが》らかになるのです。

みなさんにも、

「自分はもうダメだ！」

「自分の能力のなさに落ち込む……」

「自分はなんて、弱い人間なんだ」

と思ってしまう時があると思います。

でも、それが「悪いこと」だとは思わないでほしいのです（だからといって、責任を放棄して、現実から逃げてはダメですよ！）。

「前に進むこと」「行動すること」をやめさえしなければ、ネガティブな気持ちを楽しんで表現するのは、とても「いいこと」なのです。

そこから、気持ちを立て直すことができたり、さらには「運命を好転させるきっかけ」さえも、つかめたりします。

だから感情表現のうまい人になりたければ、これまで**「受け取り拒否」をしていた自分のネガティブな部分にも光を当てて楽しむ**こと。

もし、「私はダメ人間だ！」などと口にすることに抵抗があるなら、まずはじめは、

「自信がない」

「ダメかも」

といったやわらかい表現を使うと、よいと思います。

「負けを認められる人」とは一緒にいて楽しい

では、ここからは、「ネガティブな気持ちを表現する」ための応用編です。

たとえば、あなたが二十代後半の女性だとして、小学五年生の姪御《めいご》さんに、

「私、これまでに五人の彼氏とつきあったことがあるの」

と言われたとします。

この発言を聞いたあとに、どんな気持ちになりますか？

「びっくりした！」

が一般的でしょうね。

「ませている。信じられない！」

などの気持ちも湧いてくるかもしれません。

でも、もしあなたがここで、

「えっ？　なんか悔しい！」

と言えるなら、かなり会話が上手で楽しい人です。

そして、誰からも好かれる素敵な女性でしょう（実はこの話、私がある女性から聞いた実話です）。

「悔しい」という表現には、「負けた」「自分が情けない」という意味があります。「人に負けたくない」「人の下に立ちたくない」という思いが強い人は、そういった言葉を使うことをためらい、強がってしまいます。

しかし、「人に負けたくない」という気持ちが強すぎると、人との間に大きな壁ができて、損をすることになります。

ネガティブな表現を楽しめる人がいると、まわりにいる人たちも「自分もネガティブな気持ちを表現していいんだ」と気づき、心が解放されていきます。

だから、こういう人はみんなから好かれて、会話もはずみます。必然的に「いいこと」もドシドシ運ばれてきます。

さあ、あなたの「ネガティブな部分」を優しく抱きとめる時がきましたよ。

3章

好かれる人は「心がオープン」

……「相手を受け止める力」もついてくる！

14

「心の鎧」はさっさと脱ぐのが基本

会話があまり得意でない人は、「話題が少ない」ことが多いようです。

その大きな原因の一つは、「他人に話してもいいと思える話題」の幅《はば》を自分で狭《せば》めていることにあります。つまり、「人に話せない事柄」が多すぎるのです。

たとえば、次のような感じです。

会話ベタ「昨日は、朝、ついゴルフのマスターズを見てしまって、犬の散歩をサボってしまったのよ」

相手「ああ、松山英樹クンね」

会話ベタ「いえ、そうじゃないんだけど」
相手「ええっ？　じゃ、誰を応援しているの？」
会話ベタ「……」

実は、彼女が応援していたのは、無名のアジア系のゴルファーで、しかもかなりおじさんだったのですが、ここで言いよどんでしまいました。

若い女性がおじさんを応援していると知れたら、相手がヘンに思うのではないかと不安になって、口をつぐんでしまったのです。

こういった「自分を隠す」傾向が、最近では一部の人にとどまらず、日本人の大部分に見られるようになりました。

「思い切って話す」と親密度アップ！

ここでお伝えしたいのは、たとえあなたが離婚していようと、経済的にあまり

余裕がなかろうと、事業に失敗していようと、おじさんのゴルファーが好きだろうと、

「自分に実害のない話なら、人は大抵、受け容れてくれる」

ものだということです。

話してはいけないのは、他人が聞いて「おぞましい気持ち」になるようなことだけです。

そう考えると、あなたが自分について隠していることの九十九%は、人に伝えても大丈夫なのではないでしょうか。

私の話し方講座のレッスンを受けたあとで、ある女性の生徒が、次のようなフィードバックをしてくれたことがあります。

「何度かご飯を食べたことのある友人と、先日、またお酒を飲む機会がありました。そこで思い切って、会社の話をしてみたんです。今やっている仕事で、後輩に追い越されそうになり、彼女につい、つらくあたってしまうという話。

すると、彼女も自分の仕事上の不安を話してくれました。そこから彼とうまくいっていないことにまで話が発展して、今までになかったほど盛り上がり、すごく仲良くなれた気がしました。心がオープンになるって、素敵なことですね」

これは、**自分の心がオープンになれば、相手の心もオープンになる**、というい い例です。

このように、お互いの「知らなかった部分」が「知っている部分」に変わった時、私たちはそれを「親しくなった」と呼ぶのです。

自分の心をオープンにするだけで、話題も自然と広がります。あなたから「心の鎧《よろい》」を脱《ぬ》ぐと、会話はもっとふくらんで、楽しくはずんでいくのです。

とはいっても、はじめから心を全開にしていくと、相手が驚いてしまうこともあるかもしれません。ですから、

「朝、目覚めてから布団《ふとん》を抜け出すまでにかかる時間」

「この洋服を買うと決断するまでに考えたこと」

など、まずは「ささやかなこと」から人に話してみるといいでしょう。

15
相手が「感情移入しやすい話題」を選ぶ

相手に対して「心をオープン」にすることが、人に好かれるために欠かせないこととはいっても、いきなり、

「小学生の頃にいじめにあって、とてもつらかった」

「家庭が貧しくて進学できず、親を恨んでいた」

などの「深くて暗い感情」を親しくない人に吐露《とろ》すれば、相手は慌《あわ》てるだけです。

まずは、**相手も笑って受け容れられる、小さな出来事からオープン**にしてみましょう。

できれば**誰もが感情移入できて、会話に参加しやすい話題**を選ぶことが望ましいです。

すると、あっという間に人と親しくなれます。

気持ちの「小さなざわつき」こそ共感ポイント

たとえば、

「朝、ぬくぬくとした布団から抜け出す時の葛藤《かっとう》」

「ランチを選ぶ時の迷いと後悔」

「会社の定時前に感じるそわそわ」

といったテーマはどうでしょうか。

こんな、誰にでもある**気持ちの「小さなざわつき」**を見つけて話してみるのです。

「ねえ、あなたは定時の何分前ぐらいから、時計が気になり始める？　私は一時間前からだけど」

すると、それに対して、

「私は、お昼休みが終わったらすぐ！」

といった予想外の考え方をしている人もいるかもしれません。

「定時の三十分前から、他の人から仕事を振られないように、すごい形相《ぎょうそう》で『終われ、終われ、終われ』って、パソコンのキーを打ち続けるの」

なんていう話も聞けるかもしれないですね（実話です）。

ちなみに、こういった話のすべてが、**あなたの「話題」としてストック**されていき、会話力がアップしていくことにもつながるのです。

あなたも、誰もが感情移入できそうな、自分の気持ちの「小さなざわつき」を見つけて、それをオープンにしてみませんか？

女性であれば、

「デートの時に、自分が待ち合わせに十五分くらい遅れるのは許されるかなと思うけど、男性には一秒も遅れてほしくない！」

といったことでもいいのです。

きっと、そんな話題を楽しくまわりの人とシェアできれば、あなたの周囲にはいつでも明るい笑い声が絶えないでしょう。

\16/

「弱さ」「格好悪さ」を出したほうがいい

ある女性と二人で話していた時、「世の中の人は、布団をどれくらいの頻度《ひんど》で干すのだろうか」という話になりました。

すると、彼女は**「実は私、もう半年も布団を干していません」**と言うではありませんか。

「こんな面白い話を二人だけの時に話すなんて、もったいない。この話題をオープンにできたら、あなたも相当な話し上手ですけどね」

と伝えると、

「まさか！　これは野口さんだから言えることで、他の人がこんな話を受け容れてくれるはずがありません」

という返事がきました。

でも、**会話が上手な人は「自分の格好悪いところ」「いい加減な部分」を話の中でうまくオープンにしている**ものです。

ですから、もしもあなたが「ユーモアを身につけて、楽しい話のできる人になりたい」のであれば、「格好いい自分」を捨てて「格好悪い自分」をオープンにする勇気が必要です。

「どこか抜けている部分」が人を安心させる

とはいっても、「自分の格好悪いところ」を見せることにあまり慣れていない人が失敗談を話そうとすると、妙に力が入ってしまい、聞く人のほうが引いてしまうこともあります。

ですから、会話をしている時に、いいタイミングがあれば、自分の格好悪いところをオープンにする、と決めておけばいいでしょう。

たとえば、話の流れの中で「あなたは布団をどれぐらいの間隔で干している？」と聞かれたら、「えーっと、半年に一回ぐらい」と躊躇せずに答えます。そうすれば、必ず笑いが起こります。そして、まわりの人も「そんなことまで人に言ってもいいんだ」と心がオープンになっていくでしょう。


私の教室に通うある男子学生は、朝、目覚めるのが午前十一時を過ぎてからになるらしく、目覚めたあとも、一時間ぐらいは布団の中にいるらしいのです。

「お腹がすくでしょう」と聞きますと、「ご飯も布団の中で食べます」とのこと。なんでも、寝る前にパンを枕元に置いておくそうです。

「それじゃあ、クリームパンなんか食べて布団にこぼしたら大変だね」

と言うと、

「はい、クリームパンはこぼすと、とんでもないことになりまして、もうやめました」

とのこと。

やめたというのですから、一度はチャレンジしたわけです。もちろん教室内には、大きな笑いの渦《うず》が巻き起こりました。

彼が二十年の人生で笑いをとったのは、これが初めてだったそうです。

私たち人間は、聖者のごとく生きてなどいません。みんな、どこかだらしなく、どこか抜けているものです。ですから、あなたがオープンになれれば、相手も安心して「だらしない部分」を話してくれるでしょう。

「いたらなさ」を隠してつきあうよりも、「自分にはこんなところがありまして」と正直になったほうがラクなのです。

しかも、そのほうが心の底から親しいつきあいができるでしょう。

17

「話題」が多い人・少ない人——その差はここに！

休みの日、あなたは「すっぴん」で家にいました。そこにインターホンの音。モニターには宅配便の男性が映っています。

さて、あなたは素顔をさらして荷物を受け取りに出るでしょうか？

教室で何気なくした質問ですが、面白い結果が出ました。

いつもニコニコしていて、面白い話題を持っている人ほど「出ます！」と答え、反対に話題が少なそうな人は「居留守を使います」と答えたのです。

そして、この「出ます！」と答えた楽しげな人たちは、こんなふうに話してくれました。

「前髪を下ろして、うつむき加減で顔が見えないようにして、『どうも』と言いながら荷物を受け取ります」

「小さく咳《せき》をして病気のふりをしながら荷物を受け取り、相手の人に『すっぴんでも仕方がないか』と思われるようにします」

こんな彼女たちの話を他の生徒たちは身を乗り出して聞いており、教室は大いに盛り上がりました。

「ハプニング」「行き違い」さえ楽しんでしまう

この時にわかったことがあります。

それは、**話題が多い人というのは、出来事に対して積極的に関わっているということです。**

だからこそ、そこで何かしらのドラマが生まれるわけです。時にはハプニングが起こることもあるかもしれませんが、そうしたハプニングさえも「楽しいこと」だと受け取って、人に話して聞かせる会話力と人間力があるわけです。

反対に話題が少ない人は、「人からどう思われるか」ばかりを気にして、出来事に積極的に関わろうとしません。

ですから、人から笑われることもない代わりに、「人を引きつける話題」も手にできないのです。

困っているお年寄りを見たら「どうしましたか?」と声をかける。

電車で隣の席の年配の女性から話しかけられたら、無視せずに応じる。

あきらかに営業の電話とわかっていても、相手に人間味を感じたら、少しだけ話を聞いてみる。

話し上手な人は、どんな場面でも、**「面白いドラマが待っているかも」というスタンス**で臨《のぞ》んでいるのです。

あなたも、これからは自分が出会う出来事に、もっと積極的に関わってみてください。

人と関わることから逃げないでください。

ちょっとした「ハプニング」や「行き違い」さえも楽しむことができれば、場がなごんで盛り上がる「話題」をたくさん集められる人になれるはずです。

\18/

「いい人」は話がつまらない!?

突然ですが、あなたはどれくらい「いい人」ですか?

「最高にいい人」なら十点、最悪ならマイナス十点をつけるとして、あなたは自分に何点をつけるでしょうか。

次に、なぜその点数をつけたのか、その理由となる「具体的なエピソード」をつけて話をしてみてください。

この「点数」と「具体的なエピソード」を聞けば、あなたがどれくらい「話し上手」であるかが、ある程度はわかります。

実は、私の主宰する話し方教室でも、生徒たちに「自分がどれくらい、いい人だと思うか」と尋ね、点数をつけてもらったことがあります。

すると、「点数が高い人ほど話がつまらない」という結果が出たのです。

高い点数をつけた生徒に、その理由を尋ねると、

「後輩に大きな声で怒鳴らない」

「暴力をふるわない」

といった答えが返ってきました。つまり、「そんなに悪いことをしないので、いい人といえる」と本人たちは思っているわけです。

「まぁ、そうですか」と思う程度で、心惹《ひ》かれる理由ではないと思いませんか？

そして、そんな彼らに、

「売店でおつりを百円多くもらったら、どうしますか？」

と聞くと、「百円ぐらいなら、もらっておきます」と答える人がほとんど。

う～ん、そんなに「いい人」とはいえない感じです。

自分の「よこしまな部分」が丸ごとネタに！

ただし、「私は、最高にいい人です。十点満点です」と言い切れる人は、「いい話題」を持っていることが多く、話し上手な人である可能性があります。

何しろ、自分を「十点満点のいい人！」と言い切る、そのきっぱりとした性格も魅力的ですよね。

また、極端に低い点数をつける人（マイナス七～十点）も、楽しい人の可能性が高いです。なぜなら、この人たちは「自分のよこしまな部分」を的確につかんでいるからです。

先ほどのおつりの質問に対して、

「おつりが百円多ければ、自分をいい人と思ってもらいたいので、これ見よがしに〝百円多いですよ〟と言って返します」

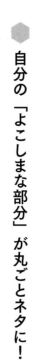

と答えた人がいました。「自分をいい人に見せる行為」が「よこしまなこと」だとわかっているのですね。

その人はまた、

「でも五千円札で支払ったのに、お店の人が一万円を受け取ったと思い違いをしておつりをくれた時は、一目散《いちもくさん》に消え去ります」

と言って、そのあとに、

「お店の人は自分を試しているのではないかと疑心暗鬼になり、後ろから追いかけてきたらどうしようと焦ります」

と続けました。

「ダメなところ」ほどカミングアウトしてみる

いかがでしょうか。「極端に低い点数をつける人」の話には、惹かれるものがありませんか？　人は誰でも、ちょっと「よこしまな部分」を持っています。

そして、そうした「よこしまな部分」を素直に表現してくれる人を前にすると、私たちは自分の「後ろめたいところ」が許され、解放されるのを感じるのです。

そして、私たちはこの人たちに魅力を感じるのです。

さあ、あなたの「マイナス八点の部分」を教えてください。思い切って「マイナス十点の部分」を発表しましょう。特に小さい頃から「いい子」だった人こそ、自分を解き放つチャンスです。

この「カミングアウト」のおかげで、「自由」という大きな喜びに出会うかもしれません。何より、とっても楽しいですし、思いもかけないところから「幸運」がやって来たりもするものです。

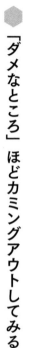

19

「いたらなさ」を見せて共感を呼ぶ

あなたは自分の「いたらない部分」を知っていますか？

もし自分のいたらないところを見つけられなかったら、親しい人に「私のマイナス八点なところは、何？」と聞いてみましょう。

もちろん「素晴らしいところをプラス十点、最悪なところをマイナス十点とした場合で」との注釈を忘れないでください。

それから、この質問をする相手は「明るく楽しい人」、または配偶者か恋人に限定すること。

明るく楽しい人は、「自分のいたらなさを許せている人」です。ですから、あなたのマイナス点を「楽しく愉快な視点」から話してくれるでしょう。

他人に対して辛辣《しんらつ》な人に質問してしまうと、「仕事が遅い」「太っている」「話が下手」など、人が本気で気にしそうなマイナス点をグサリと指摘される可能性があるので、彼らに聞くのはやめたほうがいいでしょう。

そして、配偶者や恋人は、「あなたの真実を知る人」です。だから、あなたも気づいていない「ちょっと、とぼけた部分」などを指摘してくれるかもしれません。

思わず「ぷっ」と笑える話のつくり方

こうして聞き出した自分のマイナス点は、

「この間、会社の後輩に私のマイナス八点なところを聞いたら、『合コンになると、とたんに奥ゆかしいふりをするところ』って言われたわ〜」

などといった具合に使います。

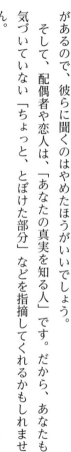

もし誰に聞いても「マイナス点はない」と言われるのなら、あなたはふだんから他人に気を許していない可能性が高いです。

「マイナス点がない」と言われるのは、「人として面白味がない」と言われているのと同じ。ですから、これからは気を許せる人には「自分の本当の気持ち」を語れるようにしましょう。

ちなみに、私のマイナス点を部下の女性に聞いてみると、

「お酒を飲むと、声が大きくなる」

「気の許せる楽しい人たちと飲んで酔うと、同じ話を何度もくり返す」

「会社から早く帰りたがる」

などと言われました。めんぼくない。

自分の「いたらないところ」さえも笑って受け容れていけば、あなたも楽しい人の仲間入りです。

20

「デリケートな話題」も、これでバッチリ

たとえば、初対面の人と会話をするとします。

「こんにちは。いいお天気ですね」

「あら、本当にそうですね」

さあ、問題はここからです。次にどんな話題で会話を続ければよいでしょうか。

初対面の人に、プライバシーに関わる話を聞くのは、ちょっとためらわれますよね。年齢を聞いてはいけない気がするし、仕事の話もタブーかもしれない。結婚しているかどうかなんて聞いたらイヤな顔をされそうだし、子供がいるかどうかなんてますます聞きづらい……。「さあ、どうしよう」となるわけです。

「……のことは聞いてもよろしいですか?」で反応を探る

心をオープンにすることは大事ですが、誰にでも「聞かれたくないこと」や、「聞くことがちょっとためらわれること」というのはあります。

とはいえ会話を続けるためには、何か話題を見つけなくてはいけないし、現実問題として、話の流れの中で、どうしてもそのことを聞かないと先に進まない時があります。

そういう時は、まず「**……のことは聞いてもよろしいですか?**」と前置きをしてから聞いてみましょう。

たとえば、

「ご家族のことは聞いてもよろしいですか?」

「お仕事のことは、お聞きしてもかまわないでしょうか」

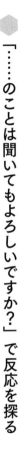

という感じです。そうすれば、相手が話したくなければそのように返してくるでしょうから、不快な気分にさせることなく会話が続けられます。そして、この前置きの一言があることで、あなたの誠実さも伝わるでしょう。

「聞かれたくない話」をやんわりとかわす一言

反対に、あなた自身が会話の最中に、「聞かれたくない部分」について質問された時は、やんわりと次のように言ってみてはどうでしょうか。

「そこはちょっと困る部分でして」
「そこはお話ししづらくて」
「そこはご勘弁《かんべん》を」

この一言があれば、相手もそれ以上、踏み込んで聞いてくることはないと思います。

「聞くことがためらわれる話の聞き方」と「聞かれたくない質問への返答の仕方」を知っておくだけで、会話力は格段にアップすると思います。

「説教がましい話」はNG

もうひとつ、「心をオープンにしたコミュニケーション」において大事なルールがあります。それは、**聞かせてもらったお話をもとにして、相手を責めたり、否定したりしてはいけない**ということです。

アルバイトをしているとか職を転々としていると聞いた時に、「ちゃんと正社員にならないと、あとで困りますよ」と言ったり、「独身なんです」と聞いた時に「どうして結婚しないの？　子供はつくらないとダメよ」などと上から目線で言ってはいけません。

たとえ自分が年上であっても、「説教がましいこと」を言うのはＮＧです。

「聞きにくいことを聞く時はワンクッション置く」
「聞かれたくないことを聞かれたら、やんわりかわすコツを身につける」
「説教はしない」

これらを心に留めておけば、誰とでも安心して心をオープンにした会話が楽しめると思います。

実は**心をオープンにしている人たちだけが集まった「オープンな世界」**があることをご存じでしょうか。

そこは、会話もはずむ愉快なパラダイス。

あなたも早く心をオープンにした会話を楽しめる人になって、「自由な世界」で「自由な人たち」と幸運に満ちた毎日を楽しんでください。

4章

好かれる人は「男と女の心の機微」に精通

……パートナーシップにも〝コツ〟がある

\21/

「さすが!」——能力を評価されたい男たち

いつの世も、男と女のトラブルは減ることがありません。

なぜなら、男と女は「してほしいこと」が正反対の生き物。そのうえ、互いに相手の要求を満たす能力が足りていないときています。そのせいで、あちこちでトラブルが生じ、滑稽《こっけい》なドラマが生まれるのです。

異性とのコミュニケーションをうまく取ることは、幸せに生きていくためには欠かせない技術です。いいパートナーシップを築けている人は気持ちも安定していますから、「いいこと」も次々と引き寄せられることでしょう。

男と女の違いを理解するためには、**「男と女は異星人」**と思ってもらえば話が早いと思います。二人は遠い過去に別々の星からやって来て、たまたま地球という星で巡り合っただけ。だから、互いに感じ方も価値観も違うのだ、と。

これは、アメリカの心理学者ジョン・グレイのベストセラー『ベスト・パートナーになるために』（三笠書房）で提唱されている考え方なのですが、そう思えたら、パートナーや恋人への理解も深まり、もっと居心地のいい関係をつくることができるでしょう。

男女が互いを理解するために、まずは「パートナーや恋人が望んでいることは何か」を考えてみること。そして、相手の望みがわかったら、それを満たすための努力を始めましょう。

相手の望みすべてを、満足させることはできないかもしれませんが、パートナーのことを「どうして、あんなことをするの？」「まったく、女の言うことは理解できない」と思うことは多少減っていくはずです。

そこで、まずは男性という生き物がどのような価値観で生きているのかについて書いていきましょう。

男が「誇らしげに語ること」を否定しない

「男」という宇宙人は、いったい何を期待しているのでしょう。

それは**「能力を認めてもらうこと」**。これに尽きると思います。

世の男たちは「能力を認められて、初めて自分の存在価値がある」と思い込んでいます。

だから、彼らはよく自慢をします。

たとえば、

「五人乗りの車に八人で乗ったことがある」

「一晩で吉野家、すき屋、松屋をはしごできる」

「俺の足首は丈夫だから、三階から飛び降りても捻挫《ねんざ》ぐらいですむ」

などなど……。

そして、この手の自慢を聞いた時、女性読者のみなさんは、「バカじゃないの？」と言いたくなっても、どうか〝グッと〟我慢してください。

たしかに、五人乗りの車に八人でぎゅうぎゅう詰めで乗り込んだからといって、どこが偉いのかわかりません。そもそも犯罪ですし。

でも、そんなことで「俺って、すごい」と思えるのが男というもの。

逆に言えば、「自分は能力がない」「人より優れていない」「認められていない」と感じさせられることに、男性はとても敏感です。

女性のみなさんは、パートナーや恋人に対して、

「なんで、こんなことで怒るの？」

「なぜ、彼は落ち込んでいるのかしら」

と疑問や不可解さを感じたことがあるかもしれません。

そんな時は、男性の「能力」や「存在価値」について、自分がうかつな発言を

していなかったか、省《かえり》みてください。

特に**「仕事」や「収入」にまつわる話をする時は、要注意**です。

「私の友達のダンナさんは、年収が一千万円を超えているんだって」

こんな言葉でさえ、彼らは「自分の収入が低い」ことに結びつけて考え、怒り、傷つきます。

「収入が低いから自分は結婚できない」と本気で信じている男性も多いのです。

「あたかもヒーローを讃えるように言う」のがポイント

パートナーや恋人と話す時は、彼らが自分の「能力」や「存在価値」に自信を持てるような言葉をかけてあげること。

たとえば、彼らが「自分にばかりむずかしい仕事が回ってくる」と言えば、女性は「体、大丈夫？」「無理しないでね」などと言ってしまいがち。

しかし、彼らが欲しいのは、

「さすが！　あなたは、それほど仕事ができるのね」

という言葉。

「バスの扉《とびら》が目の前で閉まったので、そのバスを追いかけて、次のバス停で飛び乗った」

と言われたら、「そんなことをして、危ないじゃない！」ではなく、

「すっごく足が速いのね。そんな人、見たことがないわ」

と、あたかもヒーローを讃《たた》えるように言ってあげましょう。それから、必ず驚いてあげること。


男は自分の能力をほめられると、相手に心を許し、財布のヒモを緩《ゆる》め、その人のために精一杯働きます。

恋や結婚に近づきたい女性は、男性と話す時はいつも「能力」というキーワードを意識して言葉を選ぶこと。女性が上手に「さすが！」「すごい！」と男性の能力をほめるほど、彼らの胸が〝キュン〟となることは間違いありません。

22 「大丈夫？」――大切にされたい女たち

次は「女性」という生き物がどのような価値観で生きているのか、何を期待しているのかについて考えてみましょう。

「女」という宇宙人が、何をいちばん気にして生きているか、男の人はご存じでしょうか。

それは、**「大切にされる」**ということ。彼女たちは**「私を気にかけて」「私のことを覚えていて」「私を気づかって」**と願いながら暮らしています。

男星から来たみなさん、今までにこんなことはありませんでしたか？

妻や恋人から「私って、あなたの何なの？」と聞かれ、「あなたは私のお嫁さん（彼女）でしょう」と答えて、不機嫌にさせてしまった。

こんな時、彼女たちの欲しい答えは、この一言に尽きます。

「何を言っているんだい！　とっても大切な人に決まってるじゃないか！」

この「私って、あなたの何なの？」という不可解な質問は、既婚の方や彼女がいる方は、一度は受けた経験があるはず。それは女性から必ず出される「究極のクエスチョン」。

女性と過ごせば、いつか必ず出されるクイズなので、男性諸氏は何度も練習して、来るべき時に自然に言えるよう準備をしておいたほうがいいでしょう。

「恋愛に不自由しない男性」だけが知っていること

女性といい関係が築ける男性は、**何気ない気づかいが上手**です。

気づかいとは「あなたに関心を払っていますよ」「あなたが心地よく幸せであ

るよう心がけます」という気持ちを態度で示すことです。

たとえば、飲み会やデートで女性のグラスが空いていたら、「何か飲みますか?」とメニューを差し出す。

女性が車を降りる時に雨が降っていたら、さり気なく傘を差し掛ける。長い道のりを歩く時は、時々振り返って彼女の様子をうかがう。

これで彼女は「私のことを気にかけてくれている」と感じ、「私は大切にされている」と安堵《あんど》するのです。


残念なことに、大半の男性はこうした気づかいが苦手です。相手の気持ちを察するセンサーの感度が、女性に比べて低いのです。なかにはアンテナが折れてしまっている男性もチラホラ。

パートナーとのコミュニケーションをもっと円滑にしたい、彼女をつくりたいと望んでいる男性は、まず女性がどんなことを「快適」「不快」と感じるかを知ることです。

たとえば、女性はタバコの煙が苦手、寒さに弱い、帰りの電車を気にする、服に臭《にお》いがつくことを嫌がる、トイレには清潔さを求める、化粧を直す場所も必要。

さらに、甘いものが好きで、花をこよなく愛し、雰囲気のいい店に憧れ、温かな接遇に落ち着きを感じ、話を感情豊かに聞いてくれる人が大好き。

もちろん、いずれもがすべての女性に当てはまるわけではないかもしれませんが、おそらく大半の女性が感じる「快適」と「不快」であることは間違いないでしょう。

女性の好みを理解して、女性が「不快」や「不便」を感じないように、さり気なく気をつかう。そして、折りに触れて、

「大丈夫？」

「しんどくない？」

「イヤじゃない？」

などと、女性の気持ちを確かめる。

そうすれば女性は、自分が「大切にされている」と感じられるのです。

23

こんなふうに聞けば「脈あり・脈なし」がわかる

巷《ちまた》で聞くところによると、最近の恋愛では、何としても自分より先に、相手に「好き」と言わせなければならないのだとか。なぜなら、先に「好き」と言ったほうが、「恋に負けた」ことになるからだそうです。

しかし、それはよほどのイケメン、美女でなければ「果たせぬ夢」ではないでしょうか。

私の推測ですが、それは自分から「好き」と言って「ごめんなさい」と断られた時に、傷つくのが怖いだけなのでは？　私には「ヘタレの論理」に聞こえて仕方がないし、そんなことでは恋もままならないでしょう。

少しだけ「おつきあいの匂い」がする話題をからめる

では、恋が上手な人は「傷つくリスク」にどうやって立ち向かっているのでしょうか。

まずは、**「いいな」と思える人を、ふだんから何人も見つけている**ということが挙げられます。

職場で別の部署にいる先輩、行きつけの美容院の美容師さん、掛かりつけの歯科医、会社に出入りする宅配男子……好みの人が複数いれば、たとえそのうちの一人にアタックして撃沈しても、それほど大きな痛手は受けません。

そして、「傷つくリスク」に立ち向かうために、恋が上手な人は、「いいな」と思う相手に「いきなり告白」をすることはありません。まずは、**おつきあいを匂わせるような言葉をかけて脈があるかを探る**のです。

彼らは、タイミングが合えば、それぞれの人に、次のような言葉をかけて「小さな打診」をするのです。


「○○さんは、きっとモテモテなんでしょうね」

「○○さんは、お客さんからお誘いも多いでしょう」

「○○先生なら、いいダンナさんになるでしょうね」

「○○さんと一緒なら、女性が重い荷物を持つことはないのでしょうね」


こんなふうに、少しだけおつきあいや結婚生活の匂いがする話題を選んで、相手がどんな反応をするかを見ます。

そこで、もし、

「いいえ、僕は今、彼女はいないんですよ」

「休みの日なんか、ほとんど家で一人ご飯ですよ」

と言われたら、さらに踏み込んだアプローチをします。たとえば、

「私も一人ご飯、多いですよ。ご飯はやっぱり二人で食べないと、おいしくないですよね」

などと返して、また相手の反応をうかがってみるのです。こんなコミュニケーションの取り方をしていれば、「脈ありか・脈なしか」を知ることができます。

もし、おつきあいや結婚生活の匂いがする話題に対して、相手が防御の姿勢を見せたり、まったく愛想のない返事をしたりしたら、その時は即刻退散しましょう。そして、気を取り直して「別の気になる異性」のもとへと気持ちを向ければいいのです。

黙っていては、恋は始まりません。

「○○さんって、彼女にお優しいでしょう」

「いろいろなデートコースを知っていそうですね」

「大人のお店を知ってそう」

と、気になる人に〝恋を匂わせる言葉〟を贈ることが、恋のきっかけをつくることにつながります。

恋が苦手な人は、こういったことができる人を「軽い」と決めつけがちです。しかし、複数の人とつきあうわけではないので、罪悪感を持たなくても大丈夫です。

それよりも、一人の人を深く思いすぎると、かえってその思いが「重い」に変わってしまい、結局、「悲しい結末」になりがちです。

まずは「いいな」と思える人を、何人かつくることから始めてみましょう。それだけでも、心がはずむ楽しい日々になることをお約束します。

24

「さびしいよ」「会いたいね」はキラーワード

職場などでまわりの人から、

「仕事がハードそうだけど、大丈夫？」

「課長の言い方、きついよね。あんな言い方をされて大丈夫？」

などと声をかけられたことはありませんか。

こんな時、あなたはつい「大丈夫」と言ってしまう人でしょうか？

だとしたら、残念ながら恋はなかなか始まりません。

そもそも**人間というのは、自分が誰かの役に立てると喜びを感じるもの**です。

だから、いつも強がって他人の助けを必要としないような振る舞いをする人には、愛情が湧きにくいものなのです。

これは恋愛だけに限りません。強がる人には友人もできにくくなります。

ですから、つい強がってしまう人、「人の手なんて、借りなくても大丈夫」と思ってしまう人は、そんな部分を早く矯正《きょうせい》したほうがいいでしょう。

そういう人は、「弱さは人に見せるものではない」と信じて、強がって生きてきたのかもしれませんが、そうした態度が、恋がうまくいかない原因になっていることも多いからです。

「いい雰囲気」をつくる言葉の選び方

弱さを見せられない女性は、彼氏を他の女性に奪われてしまうこともあります。

「あいつは俺がいないとダメなんだ。おまえは一人でも大丈夫だろう?」

というのは、ドラマの中だけでなく、現実世界でも耳にするセリフです。

本当は、弱さを演じられる女性こそ、「したたか」なのですが……。

あなたも「大丈夫？」と聞かれたら、時には「大丈夫じゃないー」と甘えてみてはどうでしょうか。

まずは同性の友達から試してみるといいでしょう。

ＬＩＮＥで「元気？」と聞かれたら、冗談めかして、

「うちひしがれています」
「コタツの上のミカンだけが友です」

などと返事をしてみるのです。

きっとすぐに「どうしたの？　ご飯でも行こうか」と誘ってくれるかもしれません。

同性の友達に対して「弱さ」を演じることに慣れてきたら、今度は気になる異性にも、右に挙げたような言葉を使ってみるといいでしょう。

そして、「大丈夫じゃないんだ……」「うちひしがれています」といった言葉を

使うことに抵抗がなくなってきたら、次は**「さびしい」というキラーワード**を身につけるようアドバイスいたします。

特にふだん強がっている人ほど、この言葉を使う効果は高く、気になる異性の前で、

「やっぱり、さびしいこともあるよね」

なんて言えるようになると人生が変わりますよ。

素直に「弱さ」を表現できるようになれば、あなたは気持ちがラクになり、今よりずっと人から愛されるようになるでしょう。

その時、「心の重石《おもし》」が恋の芽を押さえ込んでいたことにも気づくはず。恋愛運をつけるためには、心を裸にする勇気がいるのです。

25

「やわらかな自己主張」で好印象をつくる！

たとえば、「何が食べたい？」と聞かれた時、あなたはどう答えますか？　きちんと「○○が食べたい」と言えますか？　それとも「○○さんの好きなものでいいよ」と返していますか？

「どこか行きたいところはある？」と聞かれたらどうでしょう。

「○○さんは、どこに行きたいの？」と返していませんか？

最近は、男性も女性も自分を主張せずに、「相手に合わせる」人が増えてきているそうです。

「ヘンに自己主張して嫌われたらイヤだ」というのが理由だそうです。しかし、それではあなたの個性がなくなり、魅力も半減してしまいます。

実は、「わがままな人」と「相手に合わせる人」とでは、圧倒的に**「わがままな人」のほうが愛される**もの。

まったく、世の中は不思議なものです。

もちろん、相手が「焼肉」と言っているのに、「私はパスタ！」と言って頑《がん》として譲らない人や、相手の予算を超えた希望を言う人は問題です。

ですが、**適度に自己主張できる人のほうが愛される**というのは、本当の話です。

世の中にはきっと、「つきあう人に振りまわされてみたい」という願望を持った人がたくさんいるのでしょうね。

逆に自己主張が苦手な人を好むのは、相手を意のままにしたいという〝どす黒い願望〟を持った支配欲の強い人かもしれません。

そんな人につかまらないためにも、一刻も早く**「やわらかな自己主張」**を身につけてほしいと思います。

男と女が簡単に恋に落ちる方法

「やわらかな自己主張」をする時のポイントは、「相手が選ぶ余地」も残しておく話し方をすること。

たとえば、相手に「何を食べたい?」と聞かれたとします。この時に、「お寿司がいい!」とストレートに言うのではなく、

「うーん、焼き鳥とか、お寿司はどう? 昨日がハンバーグだったから」

と、相手に配慮して、答えを二択、三択で用意してあげるのです。

これなら、自己主張ができていることに加えて、相手も候補の店を考えやすいでしょう。「つきあいやすい人だな」と好印象も持ってもらえるはずです。

そして、希望通りにお寿司を食べに行くことになったら、

「お寿司が食べたかったんだ! ありがとう。すごくうれしい」

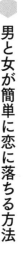

と、喜びをほとばしらせてください。相手も間違いなく大喜びするはずです。

こうしたコミュニケーションを何度もくり返していけば、二人は簡単に恋に落ちるでしょう。

あなたが自分の好みを言えるようになれば、相手にも「あなたの好みを満たす喜び」が生まれます。

自分の欲求に正直になって「パスタが食べたい」「ジェットコースターに乗りたい」と自己主張する習慣を持つと、恋のチャンスは増えていきますよ。

\26/

女性が「素敵♡」と感じる男性の話し方

「今日は、どうする？」

これは、女性がデートの時に男性から聞かれると、いちばん疲れる一言だそうです。

たしかに、女性にしてみれば「どうするって、何も考えてこなかったの？」と思ってしまいますよね。

「どうする？」と聞く男性は優しい印象で、はじめのうちは「つきあいやすそうな感じ」がします。

でも、つきあいが深まると、優しさだと思っていたのが優柔不断に思えてきて、女性が〝イラッ〟としてしまう場面も増えるようです。

また、草食系の男性は「自分が提案したことについて、女性に失望されたらどうしよう」という恐れが強いので、「決断すること」に躊躇しがちです。

レストランでメニューと十分以上、格闘する男性も、女性をイライラさせてしまいます。ある女性は「メニューに物語でも書いてあるの？」と彼氏に聞いたことがあるとこぼしていました。

選択肢を三つに絞る――この効果は絶大

「決断力」は仕事を推進していく力にもなりますし、「男の魅力」をつくる源泉でもありますから、男性は一刻も早く、この力を養う必要があります。

決断力をつける、すなわち**「素早く最適な答えを出す」ために必要なのは「選択肢」を絞ること。**

選択肢が絞られていないと、いつまでもグズグズとして決めきれないからです。たとえば、毎日のランチで何を食べるかを考えることも、決断力を養う訓練になります。具体的には、何を食べるか、候補を三つに絞ること。一つに絞るのはむずかしくても、三つなら比較的簡単に決められるはずです。

そして、そのそれぞれについて「腹持ちがするから」「安いから」「コーヒーがついているから」というように「理由」を考えます。

その上で、「今、いちばん大切にしたい」と感じた理由のメニューを選ぶのです。

すると「仕事が夜遅くまで続きそうだから、いちばん腹持ちのするステーキランチにしよう」などと決めることができるでしょう。

デートコースを選ぶ時も、「なぜ、その場所を選ぶのか」、その理由をしっかり考えること。この時、**自分の好みや都合よりも「彼女が喜びそうなこと」を優先**して考えれば、よい選択ができるはずです。

たとえば、彼女の誕生日のデートで出かける場所を考えるとしましょう。

三つの候補を選び、それぞれを選んだ理由が「ロマンチックな場所だから」「人気のアトラクションがあるから」「安上がりだから」だとします。

その中で、「彼女がいちばん喜びそうな理由」を選ぶのです。

そして、たとえば「ロマンチックな場所だから」という理由で候補に挙げたデートの場所を選択したなら、そのことも彼女に伝えてあげましょう。

「アトラクションも捨てがたかったけれど、キミの誕生日はロマンチックにしてあげたかったんだ」

と言えば、「私のことを深く考えてくれたんだな」と、彼女も彼の気持ちをうれしく感じるはずです。

決断の練習を積んでいない男性は、結婚、転職、家を買う、離婚、起業……大事な決断の場面で失敗しがちです。いざという時のために、日頃から**小さな決断を重ねておくこと**をお勧めします。

27
「お願い上手」な人ほど恋を上手に演出できる

恋人や、おつきあいしている相手がいない人に、その理由を尋ねた時、最もよく耳にするのが「出会いがない」という言葉です。

男女が共に自由に暮らしているこの日本で、「出会いがない」とは何とも不思議な気がします。

私が想像するに、「出会いがない」ではなくて、「出会いをつくれない」が正しい表現ではないでしょうか。

恋にさまよう人たちは、「好みの異性が向こうから飛び込んでくる」のが、出会いだと思っているのかもしれません。

でも、**出会いとは、自分で演出して初めて手にできるもの**なのです。

もし出会いをつくりたいのなら、**「お願い上手」になる**ことをお勧めします。

人はいい関係にある人であれば、自分にできる範囲内のことで、その人の役に立ちたいと思っているものです。ですから「お願い上手」になることは、同性の友人をつくる時にも、職場内で同僚との関係を縮める時にも有効なのです。

「気になるあの人」との距離を縮めるコツ

では、男女別に効果的な「お願いの仕方」を見てみましょう。

まず、女性が男性にお願いしやすいことといえば、**重いものを運ぶのを手伝ってもらうこと**でしょう。コピー用紙を大量に運ぶ時や家具を動かす時に、気になる男性の手が空いていたら、彼に手伝ってもらうのです。

「○○さん、今ちょっとよろしいでしょうか。私では、とても持てなくて」と、「あなたの力が必要です」というニュアンスで頼めば、ほとんどの男性は喜んで動いてくれるでしょう。

そして頼みを聞いてもらえたら、

「やっぱり男の人ですね」

「すごく助かりました」

「うれしいです」

と、その力を讃えましょう。

それだけで男性は大きな喜びを感じ、あなたに好意を持つことさえありえます。

他にも**「車の運転」**や**「電気製品の修理」**など、その男性が得意なことがあれば、お願いしてみましょう。得意なことで女性の役に立てる機会があれば、男性は喜んで手を貸してくれます。

一方、あなたが男性なら、

「一人暮らしを始めたばかりなんです。柔軟剤って、どれがいいんですかね」

「今度、大阪のＵＳＪ（ユニバーサル・スタジオ・ジャパン）に行くのですが、いちばん効率的に回れるコースなんて、ご存じないですか」

といった具合に、**生活や遊びにちなんだ〝お願い〟**をしてみてはいかがでしょうか。

もし相手があなたに気があれば「私は詳《くわ》しくないのですが、ＵＳＪには友達が何回も行っているので、聞いてみますよ」などと言ってくれるでしょう。

そして、あなたがＵＳＪに行ってきたあとで、相手にお土産《みやげ》を渡したり、なんとか理由をつけて食事に誘ったりすれば、「恋のスタートライン」につけるはずです。

反対に「ネットで調べられますよ」などと気のない返事をされたら、さっさと撤退して、別の女性に気持ちを切り替えたほうがよさそうです。

もちろん、男性も女性にお願いを聞いてもらえたら、

「すごく助かりました」

「アドバイスの通りにしたら、すごくよかったです」

という感謝の言葉を忘れないこと。そうすれば、その女性とさらに親しくなるチャンスが巡ってくるでしょう。


さあ、今まで「こんなことを頼んだら、手をわずらわせることになって嫌われるのでは」と心配して、何でも自分でやっていた、そこのあなた！

お願いは相手に喜びを与える素晴らしい行為です。異性、同性にかかわらず、上手にお願いしてみてください。

「ちょっとお願いがあるのですが」という一言で、人間関係が大きく豊かに広がり、思いもかけなかった「いいこと」を引き寄せられますよ。

5章

好かれる人は「前向き」に表現する

……自分の幸せは「一〇〇%、自分の責任」!

28

「できるところまで、やってみるか！」で道を拓く

「私には無理です」

「これはできません」

「私は今のままでいいです」

これらは、「人生がままならない人」がよく口にする言葉です。

せっかく新しいチャンスが訪れているのに、失敗を恐れてチャレンジしない人はけっこう多いですね。

それはきっと、「やっぱりダメだったか」とまわりの人たちに失望されるのを恐れているからだと思います。

なかには高い能力を持ちながら、一段上のレベルにチャレンジせず、現状に甘んじている人もいます。

特に女性には「チャレンジを怖がる人」が多いのですが、女性は男性にはない素晴らしい力を秘めています。ですから、勇気を持って一歩踏み出してほしいと私はいつも思っています。

「一目置かれる人」の口グセ

「無理」「できません」が口グセになると、せっかくの可能性も花開かないままになってしまいます。すると、チャンスもものにできませんし、収入にも恵まれず、暮らし向きもパッとしないままかもしれません。

そこで**仕事の能力を高めて、経済力をつける素晴らしい言葉**を、あなたにお伝えします。

それは、

「できるところまで、やってみるか！」

です。

今度、チャレンジの機会がやって来たら、ぜひ、そう宣言してみてください。

最初は、自分一人の時に。決心が固まったら、心を許せる人たちに向かって。

すると、なんだか勇気が湧いてきて、いいアイデアも浮かんできますし、応援してくれる人も現われてくるものです。

こう言われてもまだ、女性の中には、

「でも世の中は男社会だから、いくらやってもムダなのではありませんか？」

「子供ができたら、どうせキャリアを中断せざるをえなくなるから、チャレンジしても仕方がないのでは？」

と言う人もいるかもしれませんね。でも、まずは何か行動を起こさなければ、何事も始まりません。

職場で「新しい部署で活躍してみないか」と言われた時。

アイデアが浮かんで、小さな資金で事業を起こせそうな時。

資格を取りたいという思いが湧いてきた時。

魅力的な仕事の話がきた時。

「まず、やってみよう。そして、できるところまで、やってみよう」

と心に決めてチャレンジしてください。

たとえ失敗したとしても、その経験はあなたの血となり肉となって、素晴らしい未来を創ってくれるはずです。

\29/

「誰かのせい」にしてグチるのをやめる

今もし、あなたが「私って、幸せに恵まれていないな」と思っているのであれば、そこから一刻も早く脱出するのに役立つ言葉があります。

それは、

「今、私に何ができるか」

という言葉です。

「誰かや何かのせい」をやめて「自分の人生は自分の責任」とはっきり自覚すると、今、どんな状況にあったとしても、そこから人生は大好転し始めるのです。

私はこの二十数年の間、さまざまな人の相談に乗ってきました。その中で、決して「現状を変える努力」を始めない人たちがいることを知りました。

そして、彼らの言うことには、共通点があります。それは、

「こうなったのも親のせい」
「会社の仕組みのせい」
「社会のせい」
「女だから（神様のせい？）」

このように、満足していない自分の現状を「誰かや何かのせい」にしているのです。

そして、こうした態度で生きることは、本人にとって大変ラクちんです。なぜなら、自分が幸せでないことを「誰かのせい」にしている限り、自分には責任がないので、努力する必要がないからです。

私はある時に出会った、タクシーの運転手さんの言葉がいまだに忘れられません。

その方はバブル時代に不動産業を営《いとな》んでいて、当時、一流のプロ野球選手と同じだけの収入があったと言うのです。

「それが今はタクシーに乗ってますねん。ついてませんわ」

とおっしゃるので、

「今、運転手さんが恵まれていないのは、何のせいだと思いますか？」

と聞いてみました。すると、

「そりゃ、当時の政府が、バブル退治のために取った総量規制（不動産の高騰を沈静させるために取られた政策）のせいですわ」

との返答。私は心の中で「こりゃダメだ」と思いました。

私の予想した言葉は「バブルに浮かれて、お金を湯水のごとく使っていた自分のせい」だったのです。

どんな理由があろうとも、自分の人生の責任は、すべて自分で負わなければなりません。この運転手さんのように、自分がうまくいっていないことを「誰かのせい」にしている間は、決して運命は好転しないでしょう。

ただひたすら「私にできることって、何かな？」

では、自分の人生を好転させるには、どうしたらいいのでしょうか。

それは、**行動を起こすこと**です。

「今、私に何ができるだろうか」「私にできることって、何かな？」と、自分の心に尋ねてみてください。するとけっこういいアイデアがポンとやって来ます。

そして、そのアイデアを具現化させるために、ぜひ「小さな行動」を起こしてみてください。


私の個人レッスンを受けていた女性は、ずっとアルバイト暮らしをしていましたが、生活を安定させたいので正社員になりたいと言っていました。

ある時、彼女に「今、あなたにできることは何?」と聞くと、

「持っている資格を会社に伝えること」

と答えました。

彼女は、社会保険労務士の資格を持っていたのですが、実務経験がなかったので言ってもムダだろうと、アルバイト先には伝えていませんでした。

ところが、それを会社に伝えたことから、一年後に彼女はアルバイト先の会社から他の職場を紹介されて、晴れて正社員になることができたのです。


人生、何がきっかけで大変革がもたらされるかわかりません。

あきらめないで、ほんの少しでも行動を起こしてみましょう。

まるでドミノ倒しのように、あなたの行動が「次のうれしい出来事」「願ってもないチャンス」へとつながっていくことでしょう。

30

「私ばかり損している」からの抜け出し方

「私ばかりが損をしている」

「私があなたのために、どれだけのことをしたか」

「私のことは誰もわかってくれない」

こういった言葉を言ったり、聞いたりしたことはありませんか。

こうした言葉を使っている人は、**「被害者の戦略」**を使って生きています。

「自分は被害者だ」と訴えることで相手に「罪悪感」を与え、相手を自分の思うままにコントロールしようとしているのです。

気が弱い人は、この戦略にまんまとはまり、相手に対して罪悪感を覚えてしまいます。

実は、この「被害者の戦略」を使っている女性は思った以上に多く、そういう女性に男性は困らされたり、イライラさせられたりしています。

罪悪感を持たされるほうは、次第に反発するようになります。

もし「自分は恋人や夫とよく衝突してしまうなぁ」と思うのであれば、自分がこの「被害者の戦略」を取っていないか、点検してみる必要がありそうです。

さらに、私がここで強調しておきたいのは、「被害者の戦略」を取る人は、いつか必ず「本物の被害者」になってしまうということです。

以前ある女性が、私に次のような相談を持ちかけてきたことがあります。

「電車で寝ていたら、中年の男性からおかしなものを髪の毛につけられたことがありますし、歩いていたら見知らぬ人から罵倒《ばとう》されたこともあります。職場でも、いわれのないことで責められることが多いのです。なぜなのでしょうか？」

しかし、彼女と接していくうちに、実は彼女こそが典型的な「被害者の戦略」を取る人だとわかったのです。

ある時、彼女が私に「昨日、電話をかけたのですが留守番電話になっていて、今朝もかけたら留守番電話でした」と言ってきました。

彼女が電話をかけてきたのは、教室の休日と始業前。留守番電話になっていて当たり前の時間帯です。にもかかわらず、彼女は私に「自分はあなたのために、こんなに手間をかけさせられた」と訴えたかったようです。

現状と気持ちを「言葉に出して」整理してみる

「被害者の戦略」から抜け出すには、いくつかのプロセスを踏む必要があります。

まずはじめは、**「自分が相手にしてもらっていること」を言葉にする**のです。

職場で**「書類を片づけておいてくれたのですね」**。

家庭で**「ご飯を温めておいてくれたのね」**。
友人に**「レストランを探して予約してくれたのね」**。

こうすることで、「相手も自分に多くのことをしてくれている」と自覚できます。
そこに「ありがとう」という言葉をつけられれば、なおいいでしょう。こういうふうに言葉にしていると次第に、「自分は被害者ではない」とわかってきます。

次に、**「自分が相手にしてほしいことを言葉にしてみる」**ことです。

夫に**「休みの日はいつも家でご飯を食べるけれど、私はたまには外食したい」**。
恋人に**「あなたは二人の記念日をあまり覚えていないけれど、二人がつきあい始めた日ぐらいはしっかり覚えていて、二人で祝うようにしてほしい」**。
子供に**「お母さんは働いていて家事もしているんだから、あなたたちも家のこ**

とを手伝ってくれないかな」。

　という具合にです。

　私たちは多かれ少なかれ、「自分の思いをまわりの人が察して、こちらから何か言わなくても、自分の望みを叶えてくれないかな」と期待しています。

　けれど、「願い」があるのなら、きちんと「言葉にする」こと。

　なぜなら、**自分を幸せに導けるのは自分しかいない**からです。

　「被害者」をやめると自信がよみがえり、気分が前向きになって、素敵なことがたくさん舞い込んできますよ。

\31/

「素晴らしい」「素敵」をドシドシ使っていこう

言葉とは不思議なもので、汚い言葉を使っていると、そうした言葉を話す人としかつきあえず、その言葉にふさわしい出来事に巻き込まれていきます。

運をよくしたい、「いいこと」を引き寄せたいのなら、「おぞましく聞こえる言葉」は絶対に使わないこと。

一度、自分のまわりで「幸せに暮らしている人たち」をよく見てみましょう。

彼らは「聞いていると、こちらまで幸せな気分になってくるような言葉」や「優しい言葉」を話していませんか？

彼らはそうした「優しい言葉」「幸せを感じさせる言葉」を話すことで優しい

人たち、幸せな出来事を自分に引き寄せているのです。

そこで、私がみなさんにぜひ、**人に贈ってほしい言葉**をお伝えします。

それは、

「素晴らしい」

「素敵」

です。

「言われたらうれしい言葉」は自分から発信！

ふだん当たり前に使っている人には、拍子《ひょうし》抜けだったかもしれませんね。

でも、人生が滞りがちな人にこの言葉を伝えると、

「えっ、そんな言葉は使ったことがありません」

「なんだか、むずがゆい感じがして言えません」

という答えが返ってくることが多いのです。

ある人は「学生時代に肯定的《こうていてき》で前向きな言葉を使うと、仲間外れにされる心配があった」と教えてくれました。

もしかすると学校、家庭、会社などが「前向きで肯定的な言葉」よりも、「人を傷つける言葉」で満ちているのかもしれません。

でも、自分がおしゃれな格好をしている時に「素敵ね」と言われたら、どんな気持ちになるか想像してみてください。また、自分がむずかしい仕事をやり遂げた時に、「素晴らしかったね」と言われたらどうでしょうか。

やっぱり、うれしいし、気分が上がりますよね。

私たちは、人を大切にすることで大切にされ、人を尊敬することで尊敬される人になっていけるのです。

「素晴らしいですね」
「素敵ですね」
今日、この言葉を誰に贈りましょうか。

6章

好かれる人は「反感」を抱かせない

……気づかないうちに「運」を逃す人とは？

\32/
「同調しすぎる」と相手はシラケた気分になる

読者の中には、会話に苦手意識を持つ方、苦痛を感じている方もいらっしゃることでしょう。それはもしかすると、会話ベタなことに加えて、自覚がないままに**「会話を止めてしまう禁句」**を発しているからかもしれません。

もし、今、人間関係に問題を抱えているのなら、一度、自分が「会話のタブー」を犯していないか、振り返ってみる必要があるでしょう。

たとえば、「嫌われたくない」という気持ちが強すぎる人が、まずやってしまうのが、**「わかる、わかる」と何にでも同調してしまう**こと。

人はもちろん「自分のことをわかってほしい」とは思っています。しかし、その同調が上辺《うわべ》だけの見え透いたものだとシラケてしまい、話す気持ちが失《う》せて、結果として会話が続かないことがあるのです。

私の生徒のAさんは、職場にこのタイプの後輩がいて、会話に困るとこぼしていました。

Aさん「恋愛って、時々、疲れることがあるよね」

後輩「はい、わかります。そうですよねー」

Aさん「つきあう人がいないとさびしいけど、いればいたで、わずらわしいことがいっぱいあるもんね」

後輩「わかります、わかります。そうですよねー」

Aさん「男の人って電話に出ないと、今どこにいるの？　とか聞くでしょう。あれがイヤなのよ」

後輩「本当にそうですよねー」

極端に言うと、こんな感じだそうです。

たしかに世の中には、相手と早く親しくなりたいがあまり、共感してもいないのに、同調のメッセージを出してしまう人がいます。

しかし、共感のない時は目がうつろになるので、「ただ相手に調子を合わせているだけ」なのが見え見えです。

「よかったら聞かせてください」のスタンスで

会話で、相手のすべてを理解する必要はありません。ただ、理解しようと努めても、理解できないことがあったら、

「私にはまだわからないけれども、あなたはそういう気持ちなんですね」

という姿勢で話を聞くようにするといいでしょう。相手の「懐《ふところ》」に入らせてもらうようなイメージでいるといいですね。

たとえば「恋愛って、時々、疲れることがあるよね」と言われた時、そういう経験がなかったら、「そうなんですか！」と興味を示し、「私には、よくわからないことですが、知りたいです」という気持ちで話を聞けば、相手も気持ちよく話ができます。

時には正直に、

「私はまだそういう経験がなくて、よかったら聞かせてください」

と言ってみてはどうでしょう。相手は喜んで話をしてくれるかもしれませんよ。

気持ちが通じ合う仲になるには、「ゆっくり、じっくり」関係を縮めていく必要があります。

焦らないで、でも「わかってあげたい」という気持ちは忘れずに、心を通い合わせるコミュニケーションにチャレンジしてみましょう。

33

相手を「責める」より「気づかせる」

日常のふとした場面で、「女性は男性に厳しいなぁ」と感じることがよくあります。

先日、花見に行った時のことです。

初老の男性が、私たちの近くに場所を取りました。ほどなく奥様と娘さんが現われると、この男性は「もうちょっと向こうに行くか?」と彼女たちに尋ねました。

すると、妻と娘が「いらん、ここでいい!」と厳しい口調で、二人同時に同じ言葉を男性に浴びせたのです。

「ハモってる」と、近くにいた学生さんが小声で笑っていました。
「男は女性を大切にしていない、けしからん！」と息巻いている女性を見かけた時も「女性は男性に厳しいなぁ」という感想を抱きます。
たとえば職場の飲み会などで、男性が妻のグチを言い始めたとしましょう。
男性「うちの家内は、結婚してすぐに態度が変わったからね。あれはサギだよな」
女性「それはあなたも悪いんじゃないの。あなたも奥さんに対して優しさがなくなったとか、あるんじゃない？」
男性「いやあ、そんなことはないと思うけどなぁ」
女性「あるって。男はみんなそうなのよ」
このやり取りの間中、この女性の声はうわずって甲高《かんだか》く、目はワシのように鋭く、隙《すき》があれば尖《とが》った爪で男性の心を引き裂かんばかりの勢いでした。

「場」を和やかにすれば会話もはずむ

彼女のように「他人を責めてしまう人」は、自分が実は責めることを楽しんでいることに気づかなくてはいけません。人を責める時に感じられる、「自分のほうが優位にいる感覚」が楽しいのです。

しかし、これでは相手との会話は和《なご》やかなものとはならないでしょうし、相手も「もう、この人とは話をしたくない」と思ってしまうでしょう。

もし相手の言動が「間違っている」と感じたら、これからは**相手を「責める」よりも相手に「気づいてもらう」方向で話をする**ように心がけてください。

たとえば、先ほどの「うちの家内は、結婚してすぐに態度が変わったからね。あれはサギだよな」という言葉に「女性の気持ちをわかっていないな」と感じた

なら、

「あなたは奥さんを、出会った時と同じくらい大切に扱っているの？」
「奥さんがあなたに不満があるとすれば、どんなことでだと思う？」

といった感じに**「現実を明らかにする話し方」**をするのです。

男性が「妻にどう振る舞っているか」に気づけば、彼も自然と自分のいたらなさを納得するのではないでしょうか。

しかも、このほうが場も和やかになり、会話もはずむはずです。

相手が自分の価値観に照らして間違っていると感じた時に、無意識のうちに人を責める傾向のある人は、そういう自分を把握《はあく》して、「責める」より「気づかせる」方向に話を向ける努力をしてみましょう。

会話がやわらかくなって、人生まで上向きますよ。

34
会話に「急ブレーキ」をかける〝上から目線〟の一言

相手の話を聞いていて、「自分のやり方と違うな」「私と考え方が違う」と思った時、

「私なら、そんなことはしない」

「私は、そうは思わない」

と口をはさんだことはありませんか。たとえば、こんな具合です。

〈その①〉

「彼にどうも他の女の人がいるみたいで、一度聞いてみたんだけど『勘違いだ』

って言われて、もうそれ以上聞けなくて、信じるしかないかって思っているの」

「えーっ！　それで信じたの？　ちょっと甘いんじゃないの。私なら、そんなことしないな。携帯を取り上げて、中を見ちゃうよ」

〈その②〉

「電車の座席に荷物を置いている人がいますよね。そのせいで人が一人、座れないのに、よくあんなことができますよね。私は、ああいう人を見るとすごく腹が立つんです」

「へー、私はそういうの、あまり腹が立たないな」

このように「私なら、そんなことしない」「私は、そうは感じない」と言ってしまうと、会話はそこで完全にストップしてしまいます。

こういった言葉は、**会話に急ブレーキをかける「ストップワード」**なのです。

よく考えてみれば、この時、大事なのは「相手の話」のはず。「私の意見」「私の考え」を言う必要はまったくありません。

いつでも「相手の心に寄り添う」気持ちで！

（その①）のシチュエーションでは、

「そうなんだ。彼を信じてあげてるんだ」

と、**まずは共感を示して、相手を信じるしかない女性の不安をもう少し聞いてあげる**ほうがいいでしょう。

（その②）では、

「あなたは、そういうことが許せないんだね」

と、**相手の気持ちをわかっていることを伝え、相手がさらに話をできるように、うながす**べきでしょう。

「私なら○○する」「私なら○○しない」という言葉は、「私が正しくて、あなたは間違っている」と言っているに等しいのですから、相手は黙ってしまいます。

これは、特に「自己顕示欲《じこけんじよく》の強い人」が犯してしまうミスです。自己顕示欲は、結局のところ相手を傷つけて、自分の評価も急落させてしまいますから、要注意です。

今度「私なら」という言葉を使いそうになったら、一度、喉《のど》もとでグッと飲み込むようにしてください。

もし「私なら、そんなことはしない」と言ってしまったら、すぐに、「でも、あなたはそうしてしまうのね」とフォローし、話を相手に戻しましょう。

\35/

「会話の主役」を譲れる人は愛される

「自己顕示欲」は、あなたにとんでもない言葉を吐かせます。たとえば、

「そんなの、まだましよ！」

という言葉も、会話を止めるストップワードです。

会話の主役になってまわりの注目を集めたい人は、「自分のほうが、もっとすごい経験をしている！」と思った瞬間に「そんなの、まだましよ！」という言葉を発してしまいます。

例を挙げましょう。

〈その①〉

「私、昨日まで十日間連続で出勤して、休みなしだったんです。もう疲れ果てました」

「そんなの、まだましよ！　私なんか一カ月、休みなしで働いたこともあるわ。うちの会社はね、休日に出ても手当てはないし、代休もくれないおかしな会社なのよ」

〈その②〉

「うちの会社の新入社員は、何を勉強してきたんだか電話も取れないし、昨日なんてお客さんに向かって〝お宅は〟って言うのよ。腰が抜けるかと思ったわ」

「そんなの、まだましよ！　うちの新入社員は会社にかかってきた電話に〝はい山田です〟って出たことがあったの。相手はかけ間違えたと思ったんでしょうね、切っちゃったのよ。それが大事なお客様で、あとから大変だったんだから」

相手の話を「ひとしきり聞く」ことが大切

ここで例に挙げたような話し方をしてしまう人は、会話では「注目されること」が何より大事なのでしょう。

「そんなの、まだまし！」と言った瞬間、相手は黙り込み、みんなが自分のほうに注目する恍惚《こうこつ》感から周囲が見えなくなるのです。

こうした時、「会話を奪われた人」は、きっとさびしい思いをしているはず。たとえまわりの注目は集めても、それが「愛される材料」にはならないことを知るべきです。

どうしても自分の経験を話したい時は、相手がひとしきり話すまで、しばらく我慢すること。

そして、相手の話が一段落してから、「実は私も」と切り出せば、相手もイヤな気持ちにはならないでしょう。**「主役を相手に譲る」ことができるようになれば、その人はもう「大人」**と言えます。

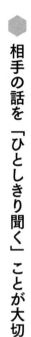

36

ほめられたら、すなおに「ありがとうございます」

あなたは誰かから「ほめられた」時、「ありがとうございます」「うれしいです」という言葉を自然に返せるでしょうか。それができる人は少数で、**「謙遜《けんそん》の言葉」**を返す人が大半ではないでしょうか。


（その①）

「いつも仕事を頑張っているね。よくやっているよ」

「いえ、**私なんか、まだまだです**」

（その②）

「パソコンのこと、よく知っているね。たいしたもんだ」

「いいえ、**たいしたことありません**」


（その③）

「いつも掃除を丁寧《ていねい》にしてくれているね。おかげで助かっていますよ」

「いいえ、**当たり前のことをしているだけですから**」


基本的に「謙虚なことは、いいこと」です。しかし、せっかくほめてくれた「相手の気持ち」も大切にしたいものです。

どんなにほめられても「謙遜の言葉」しか返せないという謙虚な方に、以前、それはなぜかと聞いてみたところ、

「相手は、ただお世辞を言っているだけかもしれない。それをうかつに信じて調子に乗ると、バカな人と思われるのではないかと思い、つい相手の言葉を否定し

てしまう」

との答えが返ってきました。

でも、これでは、ほめたほうは話を続けられなくなってしまいます。相手のことを「素晴らしいな」と思ってほめたのに、否定の言葉を返されたら、どう言えばよいのかわからなくなってしまうからです。

ほめた人までうれしくなる「受け答え」のツボ

人があなたをほめる時、大抵は本心からほめています。

そして、あなたとコミュニケーションを取って「仲良くなりたい」と思ってもいるのです。なのに、「いいえ」と否定したのでは、せっかく相手とお近づきになるチャンスをみすみす失ってしまうことになります。

これから誰かにほめられた時は、

「わあ！　そんなことを言われたのは初めてです」

「えーっ、そんなことを言ってくださるのは、あなただけです」

と、**「喜びの返事」**をしてみてはいかがでしょうか。

これなら、ほめた相手もうれしくなりますし、あなたの「もっとお話をしたいです」という気持ちが伝わって、会話もはずむに違いありません。

37

相手の気持ちを「受けとめられる人」になる

誰にでもネガティブな気持ちになる時はあります。
「もう会社をやめたい」と思う時。
「私なんか、いてもいなくても同じだ」と弱気になる時。
「自信をなくした」と不安になる時。
「もうダメだ」と投げ出したくなる時。

そして、こんな言葉を誰かの口から聞いた時、
「弱気になっちゃダメ」

「もっとポジティブになろうよ」

「前向きに考えようよ」

といった言葉がけをしていないでしょうか。

でも、**心が疲れている人にポジティブな言葉を押しつけるのはタブー、絶対に絶対に絶対に、してはいけないこと**です。

これをしてしまうと相手は黙ってしまい、その後、こちらが何を話しても、何を聞いても、口を開いてくれなくなります。相手はこの時、

「なんでこんな人に、自分の大事な気持ちを打ち明けてしまったのだろう。もう二度と、この人に心を許すもんか」

と後悔しているのです。

苦しい胸の内を「吐き出させてあげる」

相手がネガティブな気持ちを訴えてきた時、あなたがするべきことは**「相手の**

ネガティブな気持ちを受けとめてあげること」。

決して相手をポジティブな方向に変えることではありません。

「もう会社をやめたいんだ……」

と打ち明けられたら、

「会社をやめたくなったの？　そんなに苦しいの？」

と、その気持ちをまずは受けとめてあげます。

こんな言葉をかけられたら、相手は「ほっ」として、そのあと苦しい胸の内を話してくれるでしょう。

そして、苦しい気持ちを吐き出すたびに、人はラクになっていくのです。

もし、こんなコミュニケーション力を持つ人が、家族に一人でもいれば、その家庭は平和で元気です。

誰にでも、心に「不安」や「恐れ」が生まれる時は、必ずあります。その時に、

安心して自分の本当の気持ちを伝えられる人がいれば、心を健康に保つことができるのです。

反対に、常にポジティブを押しつける人のそばにいれば、心は疲れて、やがて病《や》んでいきます。

心が疲れている人には「励まし」より、「今はそんな気持ちなんだね」と理解を示す言葉を送ってあげること。

そのほうが、相手は早く元気になれるし、何より、あなたにとても感謝してくれます。

7章

好かれる人は「気持ちを伝える」達人

……「言いたいこと」は飲み込まない！

38

その願いは「声に出しても許される」

読者のみなさんは「自己主張」と聞いて、どんなイメージを持ちますか？

「わがまま？」「無理を通す？」「勝手？」「和を乱す？」

多くの人が自己主張という言葉に、ネガティブなイメージを持っているかもしれません。

それはきっと、小さい時に「黙って言うことを聞きなさい」と親や教師から命じられた記憶が残っているからかもしれません。

「自己主張すると愛されない」という苦い思い出が、「自分の思いを発信してはいけない」とブレーキをかけているのです。

「言ってもムダ」とあきらめない

おとなしい人は大抵、自分の思いにフタをして、ひたすらまわりの人たちの思いに合わせることばかり考えています。しかし、それでは自分の心が疲れ果ててしまうでしょう。

人は希望通りに生き、イヤなことには「NO」と言う権利を持っています。自分の心を縛《しば》っていた「鎖《くさり》」を解き放ち、もっと自由に生きていいのです。

あなたが心の奥に封じ込めていた「自分の希望」を、「あきらめていた願い」を、はっきりと表に出してください。

親、夫、妻、子供、友人、恋人、同僚、上司や部下に対して、あなたがずっと我慢してきたこと、言ってもムダとあきらめてきたことはありませんか。

それが叶う、叶わないは別として、まず**「私にはこんな願いがある！」**と認識するのは、大事なことです。

たとえば、こんな思いに心当たりはないでしょうか。

親に「なぜ結婚しないのかと聞かないでほしい」。

夫に「私も仕事をしたい。なぜ、私だけが育児をしなければいけないの?」。

恋人に「メールを送っても返事が遅いし、返事がないこともある。デートも月に二、三回。本当は、メールの返事もこまめに欲しいし、デートも週に二回はしたい」。

子供に「いつまでも私に食事の世話や洗濯をさせないで、家を出て自立してほしい」。

後輩に「私に頼ってばかりいないで、わからないことは自分で調べて、早く一人立ちしてほしい」。


これを読んで、あなたの「願い」も浮かんできたことでしょう。ここに書いたようなことは、**声に出して言っても許されること**なのです。

「どうせ言ってもムダ」とあきらめてしまえば、あなたはいつまでもウツウツとした気分の中で生きなければなりません。

まずは、「自分の願いを認識すること」が自由に生きる第一歩です。

そして、「自分が思っていること」を正確につかみ取れる人だけが、自分の思う通りに生きられるのです。

\ 39 /

「穏やかに頼む」と人は九割動く

電車がホームに滑《すべ》り込み、ゆっくりと速度を落としていく。あなたはこの駅で降りたいのですが、あいにく車内は混雑していて身動きが取れない。

こんな状況にあって、「恐れ入ります。降ります」という声を聞いたことがある人は、あまりいないのではないでしょうか。

私がいちばんよく見かける光景は、前にいる人に「ひじ」や「カバン」をグイグイと押しつけて、無理やり突破口を開いて降りる姿。

今度、あなたがこういうシチュエーションに遭遇したら、周囲二メートルぐらいには聞こえる程度の声で、穏やかに「ごめんなさい、降ります」と一度、言ってみましょう。

すると、あなたの前に道ができます。あなたが降りやすいように、まわりの人が配慮してくれるのです。そこに広がる光景は、まさに自己主張したことのない人が初めて見る世界……。そうです。あなたの意思が周囲の人を動かしたのです。

人は、「可能な範囲」であれば他人の気持ちを尊重してあげたいし、望みを叶えてあげたいと思っているものです。ですから、自分の願いを叶えられるかどうかは、**あなたが自分の望みを穏やかに表現できるか**どうかにかかっています。

「あっさり引き下がる」マインドも大切

実生活においても、あなたは「自分の望みや願い」を具体的に相手に伝えられているでしょうか。たとえば、こんなふうに……。
ご主人に**「食事のあとの片づけを、手伝ってもらえると助かるわ」**。

恋人に「メールの返事を早くもらえると、うれしいんだけど」。
友人に「今度の旅行は、幹事を代わってもらえるかな」。
上司に「飛び石連休の谷間に、有給休暇を入れさせていただけるとありがたいです」。

まずは「**希望を伝えること**」がスタートです。この時、「要求」にならないよ**うに注意**してください。

相手がOKしてくれたら、大きく喜ぶこと。そして、**もし「NO」でも、あっさり引き下がること。**ふくれっ面はいけません。

断られても機嫌よくしていると、あとで「さっきの件だけど、なんとかやってあげましょう」と言われることもあるからです。

40

ナメられないために必要な「闘う言葉」

「女のくせに」

「やっぱり田舎《いなか》もんは」

「高卒だから仕方ないか」

こんな侮辱《ぶじょく》とも取れる「ひどい言葉」をかけられた経験はないでしょうか。


こんな時、いちばんしてはいけないのは、「笑って聞き流す」こと。

なぜなら、相手はあなたが「その言葉を受け容れた」と見なすからです。そして、あなたのことを、「失礼なことを言ってても反発してこない弱い存在」だと決めつけるでしょう。一度ナメられてしまうと、以後は「粗末な扱い」しか受けられなくなり、自分の尊厳が踏みつけにされてしまいます。

ですから、**自分の尊厳を守るために、誰もが「闘う言葉」を持っていたほうがいい**と私は思っています。

「イヤなしこり」を残さずチクリと言い返す！

ここで最も避けたいのは、先ほど述べた「聞き流す」ことなのですが、その次によくないのが「感情的に反発すること」です。

たとえば「なんなんですか！　その言い方は。人をバカにして」と、攻撃的な言葉で相手に感情をぶつけてしまうと話し合いにもならず、「イヤなしこり」しか残りません。

まして「あなただって、うだつの上がらない万年ヒラ社員のクセに！　だからモテないんですよ」などと、中傷《ちゅうしょう》のお返しをすると相手も感情的になり、余計にこじれます。

こういう時は、**短くも鋭い言葉の剣で、相手の脇腹をチクリと刺す程度のお仕置き**が有効です。たとえば、次のように言ってみるのです。

「女のくせに」→**「女性に偏見をお持ちですか?」**

「やっぱり田舎もんは」→**「○○県の出身者を一段低く見ていらっしゃいますか?」**

「高卒だから仕方ないか」→**「高卒だと能力が劣るとおっしゃっているわけでしょうか?」**

すると相手は、自分の言った言葉を反芻《はんすう》し、あなたを傷つけてしまったことに気づくはずです。

こうした言葉を使う時のポイントは、**断定的な言い方にはせず、語尾を疑問形にする**ことで、相手に言い訳する機会を与えること。そうすれば、相手を窮地《きゅうち》に追い込むことにはなりません。窮地に追い込んでしまうと、相手が死に物狂いの反撃に出る可能性もあります。そんな事態は避けたいですよね。

また、自分の発言に対して反問されると、言った側は「いや、そういう意味で言ったのではないんだけどさあ」などと、笑ってごまかそうとすることもあるでしょう。

その時は、どうぞ笑顔で、「そうですか？」とでも言って、発言した相手を許してあげてください。

侮辱的な言葉を受けたからといって「全面対決」をしても互いに疲れるだけです。そんな時は、**あなたの怖さを少し垣間《かいま》見《み》せる**と、それ以上、ナメられることはありません。

必要な時に、自分の尊厳を守る話し方ができることは、穏やかで平和な暮らしを手にするために必要なことですし、「運」を落とさないためには、かなり大事なのです。

\41/
「まっすぐな言葉」はダイレクトに届く

これからは、生涯を独身で終える人が、三人に一人とも、二人に一人とも言われているそうです。結婚しない人の多くは、異性から拒絶されることを恐れて、人を好きになることも、好きな人にアプローチをすることも、ためらっているのかもしれません。

もしあなたが、今、つきあっている相手はいないけれど、いつか結婚したいと思うのなら、**他人との距離を縮めるスキル**を磨く必要があると思います。

実はこのスキル、「出会いの場面」に有効なのはもちろん、すべての人との関係を、あっという間に深めてくれる素晴らしいものなのです。

そのスキルとは、**いいと思ったことを、すなおにそのまま言葉にして相手に伝えること**です。


「○○さんって、スーツのバリエーションが多いんですね」

「○○さん、今日は黄色（の服）ですか」

「○○クンって、むずかしい話をやさしく話せるんだね」

「○○さんは、本をたくさん読みますね」


このように、相手のふだんの服装や行動をそのまま言葉にすればよく、ほめ言葉にしなくてもいいのです。

なぜなら、下手にほめると「そんなことないですよ」と照れてしまう人もいるからです。

だから、「相手のいいところを、すなおにそのまま言葉にする」だけのほうが、言われた相手は喜びますし、いい気分になれるのです。

気になる人に、こんな「迫り方」ができますか？

一緒にいて楽しい人がいるなら、「○○さんと一緒にいると、とても楽しいです」とすなおに言ってみてください。

つきあっていない異性にも「○○さんがいれば幸せ」くらいまで踏み込んで言える人には、恋のチャンスはいくらでも転がっているでしょう。

特に男性は危険な橋を渡る（つまり、ふられる可能性が高い人に声をかける）より、身近にいて自分に「ＹＥＳ」と言ってくれそうな女性を選ぶ傾向があります。

だから、あなたが日頃から男性に「肯定的な言葉」をかけていれば、自然に彼らに好意を寄せてもらえるようになるでしょう。

逆に、恋と縁遠い人は、こういう**「すなおな言葉」**を口にするのが苦手なようです。

たとえば、好きな異性にも「よくお酒を飲みに行くんですか？」と聞くのが関の山で、**「私と一緒に、飲みに行きましょうよ」**とは言えないようです。

せめて、

「○○さん、お酒はお好きですか？　○○さんの酔ったところを一度見てみたいです」

「ふだんとは違うお話を聞いてみたいです」

くらいの迫り方は、できるようになりたいものです。

それだけで、あなたは一生を通じて、楽しく暮らしていけることでしょう。いいと思ったことをすなおに表現できるようになったら、豊かな人間関係に恵まれ、幸運が集まってくること間違いなしです。

\ 42 /

「むくれて押し黙る」だけでは逆効果

もし、あなたの**「切実な願い」**を、自分にとって大切な人が聞いてくれなかったら、あなたはどうしますか？　たとえば、

「家事はいつも私だけがしているけれど、私も働いているんだから、あなたにも食事の後片づけや洗濯はしてほしいのよ」

とあなたが言って、

「俺は疲れているから、そんなの無理だよ」

と夫が言ったら、どんなリアクションを取りますか？

多くの女性は、ここでむくれてしまうかもしれません。

そして、「もういいわよ」「自分さえよければ、それでいいんでしょ」「むかつく」「ひどい」「最悪」と「相手を責める言葉」を発するのではないでしょうか。

また、「すべてをあきらめて無言になる」という人もいるかもしれません。

相手の心に「優しさ」を発動させる一言

「自分の思い」をすぐにわかってくれないからといって相手を責めてしまうと、相手も自分を守るために攻撃的にならざるをえません。専守防衛のために「押し黙る」男性も少なくないでしょう。

そして、こうしたコミュニケーションの取り方こそ、夫婦やカップルの「心の距離」が離れ始める第一歩です。

どんなカップルもはじめは仲がよかったはずなのに、やがてその関係が冷めていくのは、二人の間に起こったトラブルを、うまく処理できないところに原因があります。

もし、二人の間にトラブルが発生してしまったら、次のような言葉を使ってみましょう。すると、相手もハッとして、あなたの気持ちを考えるはずです。

「悲しい」
「さびしい」
「つらい」

この言葉には、相手を攻撃する気持ちが含まれていません。純粋に、「自分の気持ち」を表現しているだけです。

これを聞いた相手は、

「自分はパートナーを悲しく、さびしく、つらい気持ちにさせてしまったのだ」

と感じます。

すると心の「優しい部分」が動き始めて、パートナーのために自分は何ができるだろうかという気持ちが芽生えます。

今度、大切な人があなたの気持ちを大事にしていないなと感じたら、

「そういうことを言われると（されると）悲しいよ」

と伝えてみましょう。

きっと、その後の展開が大きく変わるのを、身をもって体験できると思います。

\43/

「関係ない」という逃げ言葉が伝えていること

電車内や街角で、若いカップルがケンカをしているところに出くわすことがあります。その時、怒っているほう（ほとんどは女性）が、相手の顔を睨《にら》みながら「はぁーっ!?」と言って詰め寄る光景を時々、見かけます。

この時、責められているほう（大抵は男性）が、苦しまぎれに発するのが**「関係ない」という逃げ言葉**です。

その争いは、次のような感じで繰り広げられます。

女性「どうして私と約束したことが守れないのよ」

男性「これは約束とは関係ない話だろ」
女性「はぁーっ⁉　よくそんなことが言えるわね」
男性「関係ない」
女性「関係ないって、どういうこと⁉　関係あるに決まっているでしょ‼」

実は、この「はぁーっ⁉」「関係ない」の応酬《おうしゅう》は、「自分の気持ちを具体的につかめていない人」同士に特有なものです。

怒っているほうは、自分の気持ちをうまく表現できないもどかしさから、余計に怒りが増していきます。

また相手も、どういうプロセスを経てパートナーの感情が乱れているのかが理解できないし、パートナーをなだめる方法も知りません。そこで仕方なく、その状況から逃げるためだけに「関係ない」という言葉を使ってしまいます。

すると怒っているほうは、自分の気持ちと正面から向き合ってくれない相手に、また怒りの炎が燃え上がるという図式です。

なので、この二人の気持ちが通じ合うことは、永遠になさそうです。

「うまく言えない」から相手を責めてしまう

こうしたシチュエーションで「どうして！」「おかしいじゃない」「勝手だわ」と非難の言葉しか出てこない人も、また怒りで黙りこくってしまう人も、「はぁーっ!?」としか言えない人と、五十歩百歩です。

つまり、**自分の気持ちがどのようなプロセスを経《へ》て傷ついたのか、相手を攻撃することなく説明できる人はまれ**なのです。

実は女性の怒りは、「パートナーが自分の傷《いた》みをわかっていない」と感じたところから始まっています。「私の傷みを彼はわかっていない」が「私を傷つけた」に発展し、最後には「あの人は、私を愛していないのだ」に帰結するのです。

結局、**女性は「自分が大切にされていないこと」「愛されていないこと」に怒りを抱く**と思って間違いありません。

女性はまず、「自分の気持ちが傷ついていったプロセス」を理解して、「自分の心の傷み」をきちんと言葉にできなくてはなりません。そのためにも、日頃から自分の気持ちを相手に説明する練習をしておくことです。

次項で、自分の気持ちを丁寧に人に説明する方法をお伝えしますので、うまく活用してください。

\44/

「気持ちの説明」がうまくなるコツ

女性の怒りのほとんどは、

①「相手が私を傷つけた」

②「相手は私が傷つくことを承知の上で、そうしている」

③「相手は私を愛していないから、そんなことができる」

④「こうなったら、制裁を加えねばならない」

という「思い込み」から生まれています。

たとえば、

「私が話しかけても彼はろくに反応しないし、時には読んでいる本から目を離さずに相槌《あいづち》を打つだけということもある」

という理由で女性が怒っているとしましょう。

こんな時、心に湧き起こってきた怒りにまかせて相手を責めたてていけません。

かといって、「怒り」の感情を心の奥に押し込めて、いつまでも根に持つのも、二人の関係には大いにマイナスになります。

ここで女性に取っていただきたい行動は、**自分の純粋な気持ちを相手に伝えること**です。

「感情の動き」を言葉にできる人

先ほどのシチュエーションであれば、次のように言ってみましょう。

「話しかけてもこちらも見ずに、相槌だけ打つことがあるでしょ。あれってすご

く悲しいのよ」

この言葉で男性は、

「彼女が話しかけてきた時に、内容が世間話程度のことでも、きちんと顔を見て相槌を打たないと、彼女は悲しいのだ！」

と初めて知るのです。

しかも「悲しい」と言われると、男性は大きな罪悪感を持ち、「申し訳ない」という気持ちになります。二人にさほど問題がない時であれば、ほとんどの場合、これだけで二人の行き違いは解消されていきます。

さらに、自分の気持ちのプロセスを丁寧に説明してあげるといいでしょう。

「話しかけてもろくに反応がないことが続くと、私はもう好かれていないのかなと思うものなのよ」

こう言われると男性は、びっくりするのです。

何しろ男性は、「女性にきちんと向き合うのは話が重大な時だけでいい」と思っているので、まさか、そんな「小さなことで」彼女が傷つくとは思いもよらないのです。

そして女性は、

「私が話しかけた時に、大事な用がなかったら、ちゃんと私のほうを見て、〝うん〟とか〝そう〟とか返事をしてくれると、うれしいわ」

と希望を具体的に伝えましょう。

ここでのポイントは、「そうしてくれると、うれしい」と、〝気持ち〟を伝えることです。

男性も愛する人が喜ぶのなら、できるだけのことはしてあげたいと思っています。

ですから女性はパートナーや恋人に、

「自分が何で傷ついているのか」
「傷つくと、どんなふうに考えるのか」
「どうしてもらえると、うれしいのか」

を丁寧に伝えなくてはなりません。

「自分の感じ方」を相手にきちんと説明することで、価値観や考え方の異なる人とも仲良くやっていけるようになり、幸運に満ちた人生を送れるようになります。

「気持ちの説明力」を、ぜひ身につけてください。

\45/

「打つ手なし！」の状況を好転させる一言

「ちょっとした言葉の行き違いで、彼女がむくれてしまった」経験のある男性は少なくないでしょう。

こんな時、男性はなんとか「論理立てて」彼女の間違いを正そうとします。自分の論理に照らせば、絶対に自分は間違っていないはずだからです。

しかし、いくら男性が理路整然と説明をしても、彼女の機嫌は一向に直らない。こうなると、男性はもう黙るしかなくなります。二人は背中合わせになって、自分の用事に没頭しているかのように見せかけることに。この時に引かれた、二人を隔《へだ》てる無言のカーテンは、氷のように冷たいものです。

その張り詰めた空気に耐え切れず、男性が苦しまぎれに「明日は会社あるの？」などと当たりさわりのないことを言葉にしても、彼女からは「あるけど」などという、そっけない言葉しか返ってこないかもしれません。

「打つ手なし」の無力感と彼女の非協力的な態度に腹を立てたあなたは、また無言へと逃げ込むことでしょう。

しかし！　もし男性が女性と愛情ある関係を続けたいのなら、ここで二人を救う言葉があるのです。

それは**「あなたは大切な人だ」**という言葉です。

「あなたは大切な人」——これを伝えることが肝心

冷たく無関心を装う彼女の背中に向かって、勇気を出して、

「なんだかんだ言っても、○○は大切な人なんだよな」

と言ってみるのです。

男性からすると、こういう場面で口にするにはあまりに唐突すぎて、脈絡がないと感じられると思います。ですが、女性はこの言葉に反応して振り向くのです。「え?……何?」と。


二人の気持ちが行き違った時、男性が理路整然と話して相手を説得しようと言葉を尽くせば尽くすほど、その言葉が女性には「俺は間違ってない。間違っているのはおまえだ」というメッセージとして伝わってしまうのです。

これでは女性も歩み寄ることができません。

しかし、ここで二人が確認し合う必要があるのは、「互いに相手をどう思っているのか」の一点だけなのです。

女性の願いは、パートナーや恋人から「ボクにとって、あなたは大切な存在である」と言ってもらうことが一番なのです。そうした言葉を聞けば、女性の心は和解へと開かれていきます。

そして、女性の心が開かれたあとであれば、男性はこんな言葉で問題を解決へと導くこともできます。

「ボクは、〇〇のつもりであんなことを言ったんだけど、他にどんな言い方をすればわかってもらえたのかな？　教えてもらえると、うれしいのだけれど」

こうしてお互いの気持ちや本音を伝え合い、受け容れ合っていくと、二人の愛情は以前より深まっていきます。ケンカが、二人をより強く結びつけ合うことにもなるのです。

ここでお伝えした「気持ちの伝え方」は、友人、職場の同僚、親子など、どんな人間関係にも応用可能です。

「あなたは大切な人です。これからもいい関係を続けていきたい。それで……」

と話を続ければ、もつれてしまった人間関係の糸もほぐれていくはずですよ。

8章

好かれる人は「賢く自分本位」

……いちいち「気にしすぎない」会話のコツ

\ 46 /

「意見のある人」は侮られない

飲み会があった時に、そこにいる人たちを二次会にお誘いすると、

「みなさんは、どうするのですか？」

と周囲の人たちの動向を気にする人がけっこういます。

「みんなが行くなら自分も行くが、行かないなら自分も行かない」ということでしょうか。

しかし、そこには「自分の意思」というものがありません。そして、**「自分の意思」が言えない人間は、社会ではまったく大事にされない**ものです。

たとえば、職場などでも、

「あの人には、決まったことを最後に伝えればいいよね。どうせ、意見なんてないだろうし」

などと侮《あなど》られ、軽い扱いを受けたりします。

もし、あなたが、

「そんな不当な扱いを受けるのはイヤだ！」

「ないがしろにされるのなんて、ゴメンだ！」

と思うのであれば、まずは自分の意思をしっかり把握し、相手に伝えていくこと。

二次会に参加するかどうかを聞かれたら、真っ先に、

「はい、参加します」

「今日は帰ります」

と意思表示のできる人に、ぜひなってもらいたいと思います。

もし「参加する」と言いながら、同年代の参加者がいないことに気づき「しま

った」と思ったら、正直に、

「ごめんなさい、同世代の人がいないのはさびしいので、やはり帰ります」

と修正すればいいのです。

はっきり「意思表示」するほど願いは叶っていく

あなたの意思が明確であるほど、多少の障害はあったとしても、自分の願った通りに事は進んでいくものです。

意思表示は「私はこう生きる」という宣言だからです。


「今度の旅行だけど、私はやっぱり沖縄に行きたいな」

「お母さん、私は反対されても、あの人と結婚します」

「部長、私はいつか必ず、営業企画部に行きます」

このように明確に自分の意思を伝えられると、周囲の人たちも知らず知らずのうちに、その意思に動かされ、

「あの人の思いを叶えてあげたい」

という気持ちになるのです。

一度、「宣言」しただけで願いが叶わなかったとしても、あきらめないこと。何度もくり返し意思表示をすれば、「雨だれ石を穿《うが》つ」の言葉通り、あなたの希望はかなりの確率で叶うでしょう。


「言ってもムダ」

「どうせ変わらない」

「傷つくだけ」

と意思表示することから逃げずに、今日、今から「自分はこう生きる」と高らかに宣言してください。あなたの意思を〝言わずともすべて察してくれる人〟など、この世に存在しないのですから。

私は、女性のみなさんには特に、

「仕事を持って、どしどし社会に進出したい！」

「責任ある立場につけるように頑張りたい！」

と宣言してほしいと思っています。

そして、夫や親に反対されても、

「どうすれば自分の意思通りにできるかな」

と、じっくり考えて、行動に移してほしいのです。

晩年になったあなたが、北欧製のチェアーに座り、午後の窓辺で紅茶を飲みながら、

「私の人生は、いい人生だったなぁ……」

と振り返ることができることを、私は願っています。

47

嫌われない「NO」の言い方

他人の機嫌を気にしすぎる人は、「NO」と言えない場合が多いようです。

しかし、あまりにも自分の意思とかけ離れた要求を受け容れていると、心が次第に病んでしまいます。

また、「NO」が言えない気の弱さにつけ込まれて、周囲から無理な要求を次から次へと押しつけられてしまうことにもなりかねません。

たとえば、

「残業を頼まれるのは、いつも私だけ」

「デートはいつも彼の大好きな競馬場」

「夜中に友達が当たり前のように電話してくる」

「たまの日曜なのに、姑《しゅうとめ》がいつも突然遊びに来る」

という具合です。

こうした状況を想像しただけでも、イヤな気持ちになってストレスが溜《た》まりそうですね。

そこで、**自分という「軸」を大切にしつつも、人間関係を壊《こわ》さずにすむ「NO」の言い方**を、ぜひマスターしましょう。

「気が進まないお誘い」をギクシャクせずに断るには？

たとえば、

「先月、職場の先輩の家で食事会があって参加したけれど、話に入りにくくて楽しくなかった。今月もまた食事会があるそうだけど、今度は誘われても、断りたい」

と思っているとします。

すると案の定、

「今月もA先輩の家で食事会をするんだけど、あなたも参加する?」

と、お誘いがきました。ここで多くの方は、

「なんと言って断ろうか」

と思い悩むでしょう。そして、「いい理由」が浮かばないために表情も険《けわ》しくなり、

「いえ、今回は用事がありまして」

などと、つっけんどんに応じてしまったりします。

これでは相手に「私たちのことが嫌いなのね」と思われて、その後の関係がギクシャクすることにもなりかねません。

人間関係を壊さずに「気が進まないお誘い」や「お断りしたいお願い」を断るコツ。それは、**相手がまだ「お誘い」の話をしているうちから、「断ろう」と心**

の中で強く決心すること。「断る理由を考える」のではなく「断ろうと決心する」ことが肝心なのです。

そして、相手の「お誘いの話」が終わったら、すぐさまシンプルに、

「ごめんなさい」

の一言を伝えるだけで、ＯＫです。

とにかく、**開口一番、謝ってしまう**のです。

相手が目上の場合は、「申し訳ありません」と言うほうが丁寧でしょう。

これで相手には、あなたの「ＮＯ」が伝わります。

ただし、**態度は申し訳なさそうにすること**をお忘れなく。

そうすれば、相手が気を悪くすることは、まずありません。

「相手のお誘いを断る時には、何らかの理由が必要だ」と信じてきた人には、意外な話かもしれませんが、**実は対等な間柄では、断りに理由はいらない**のです。

断る時のコツは、**誘われたら、即座に「ごめんなさい」と言葉を返すこと**です。

一瞬でも躊躇してしまうと、その一瞬の表情が、相手に「自分のことを嫌いなのか？」と疑わせることになってしまいます。

「NO」と言えない方は、一度この言い方を試してみてください。

「相手がこんなに簡単に自分の言い分を受け容れてくれるなんて！」と思うはずです。

「相手の顔」を立てれば完璧

相手が気を悪くするのは「NO」と言われたからではなく、断る態度が拒絶的で冷たい感じがした場合がほとんどです。

それでも、上手に「NO」と言えるか不安な方には、より丁寧な断り方をお伝えしましょう。

それは、「ごめんなさい」のあとに、

「今回はお断りさせて（遠慮させて）いただいてもよろしいですか？」

と続けることです。

なぜなら、

「～させていただいてもよろしいでしょうか」

というのは、**最終決定権を言葉の上では相手に譲り、相手の顔を立てる言い方**だからです。

また、仕事上の業務に関して「お断り」をしたい時にも、「申し訳ございません」に続けて、

「お断りさせていただくわけには、いかないでしょうか」

という表現を使うとよいでしょう。

形の上では、相手に最終決定権を委《ゆだ》ねていますが、相手は「ダメだ」とは言わないはずです。

要求を断ることは、ともすると、人生において大きなマイナスに思えることか

もしれません。

しかし、自分の意思を曲げて、意にそぐわない「YES」を言って自分自身を傷つけることのほうが、よほど自分の人生にとってマイナスです。

断ることが苦手なみなさん、まずは「ごめんなさい」と謝ることから始めてみましょう。

48

「そりゃ、つらいよ」――弱音を吐いて気持ちリセット

強い人は「弱音を吐かない」と思っていませんか？

しかし、弱音を吐かず、いつでもポジティブに振る舞う人は、ぎりぎりまで耐えたあげくにポッキリと折れてしまうこともあります。

「不安」や「怒り」などの激しい感情の流れに逆らって、

「自分は平気！」

「大丈夫！」

などと自分を偽《いつわ》り続ければ、心が疲れ果てて、ウツ状態にまで落ち込む場合もあります。「ネガティブな感情」は、扱い方を間違えてしまうと、とんでもない

事態に陥《おちい》ることもあるのです。

感情は「言葉に出して」こまめに浄化

あなたには、

「つらくて、悲しくて、泣くだけ泣いた」

という経験がありますか？

女性は、「自分の気持ち」にすなおになって、泣くことができる人が多いと思います。最近は男性でも、自然に泣ける人が増えてきたようです。これは、とてもいい傾向だと思います。

女性・男性にかかわらず、どんな時も、

「私は泣かない！」

「平気！　だって私は強いから」

と歯を食いしばって我慢していたら、体も心も壊れてしまうからです。

「泣くだけ泣いたら、すっきりした」のは、つらい出来事、悲しみをすなおに受け容れたら、その感情がスーッと浄化された、ということです。

感情とは受け容れると消え去り、逆らうと余計に激しくなる性質を持っています。

だから、つらい時には「そりゃ、つらいよ」、不安な時には「もちろん不安よ」と、正直に口にできたほうがいいのです。

「ああ、つらい‼」の先に転機は訪れる

そして、大切なのは感情を口にした「そのあと」です。

心が強い人は、必ず**「問題に立ち向かう行動」**を起こします。「不安」や「恐れ」を口実に、行動することをやめたりしません。

すると、「思いもかけなかった新しい世界」が目の前に開けていくものです。

「無理かもしれないけれど、チャレンジしてみる」
「できないかもしれないけれど、できるところまでやってみる」
「誰もしたことがないのなら、自分がやってみる」

さあ、あなたもつらい時は「ああ、つらい!!」と大声で言い、不安な時は「とっても怖い!!」と言いながら、前に向かって進みましょう。

その先にはきっと、驚くような人生の転機が、そして幸運が待っていますよ。

49

「人に必要とされたい気持ち」を手放そう!

今から十年以上も前、あるグループで旅行に行った時のことです。その中の一人の女性に、職場の上司から旅先に電話が入りました。

どうやら上司は、書類が見つからないので、今すぐ帰ってきてほしいと言っているらしいのです。私たちがその上司の〝非常識ぶり〟にあきれていたら、彼女は電話に向かって「では、今から帰ります」と言うではありませんか。

驚く私たちに彼女は、

「私でないと、わからないことなので」

と微笑みながら言うと、来た道をまた一人、帰っていきました。数万円の旅費や宿泊費は、すべて水の泡です。

他の人たちは、怒ったりあきれたりしていましたが、私は彼女に**「人に必要とされたい気持ち」**を感じていました。

「いい顔」をするのも、ほどほどに

「人に必要とされる」のは、人間にとって幸せなことです。

しかし、それを求めすぎたり、また相手の要求に必死で応えようとしたりすると、せっかくの休暇中に旅行先から職場にとんぼ返りしなくてはならないような目にもあいかねません。

なぜ、人はそんなことをしてしまうのか。

それは、「ありのままの自分」に価値を見出せないからでしょう。

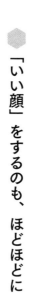

価値があるのは「誰かに対して何かできる自分」だけ、「人の役に立つ自分だからこそ、居場所が与えられる」と誤解しているからです。

要求に応えると、相手がとても喜んでくれるので、「人に必要とされることを求める」ことに害があることに、ほとんどの人は気づいていません。

内心では、

「ちょっとなぁ……損な役回りだよなぁ」

などと思っていたとしても、

「いいよ、また役に立てることがあったら、いつでも言ってね」

と、つい「いい顔」をしてしまいます。

しかし、「いい顔」ばかりしていると、相手はますますあなたに依存するようになり、あなたへの要求は際限なくエスカレートしかねません。そして、あなたが限界まで踏ん張って「もう無理です」と応えたら、「なんで無理なんだ！」と、相手の怒りをかってしまうこともあるでしょう。

まさに「踏んだり蹴ったり」です。

何よりも大切なのは自分という「軸」

もしあなたが「人に必要とされたい」という気持ちが強すぎると感じるなら、いつも当たり前のように取っていた「誰かのための行動」をやめてみましょう。

すると、いつしかあなたは気づくでしょう。

「自分が頑張らなくても、世界はいつものように回っている」ことに。

そして、あなたが自分を犠牲にしてまでも「人の役に立とう」と奮闘することをやめると、まわりの人たちは成長していくし、あなたのことをもっと大切にしてくれるようになるのです。それは、とても「喜ばしいこと」です。

どんな人にとっても大事なのは、

自分の「軸」をしっかり持って生きること

なのです。

ここがしっかり腑《ふ》に落ちた時、あなたはこれまでのように「人に嫌われたくない」「人に必要とされたい」といった次元とは、まったく違ったところで生きるようになるでしょう。

つまり、「自分はどれだけ人を愛せるか」という温かさ、優しさ、喜びにあふれた世界の住人になれるのです。

その時、あなたは本当の意味で強く、美しく、運のいい人へと成長していくのです。

〈了〉

本書は、経済界より刊行された『人に愛に運に恵まれる人の話し方 恵まれない人の話し方』を、文庫収録にあたり加筆・改筆・再編集のうえ、改題したものです。

話《はな》し方《かた》で好《す》かれる人《ひと》 嫌《きら》われる人《ひと》

著者　野口　敏（のぐち・さとし）

発行者　押鐘太陽
発行所　株式会社三笠書房
〒102-0072 東京都千代田区飯田橋3-3-1
電話　03-5226-5734（営業部）03-5226-5731（編集部）
https://www.mikasashobo.co.jp
印刷　誠宏印刷
製本　ナショナル製本

 ISBN978-4-8379-6923-5 C0130

＊落丁・乱丁本は当社営業部宛にお送りください。お取替えいたします。
＊定価・発行日はカバーに表示してあります。

王様文庫

王様文庫

気くばりがうまい人のものの言い方

山﨑武也

「ちょっとした言葉の違い」を人は敏感に感じとる。だから……　◎自分のことは「過小評価」、相手のことは「過大評価」　◎「ためになる話」に「ほっとする話」をブレンドする　◎「なるほど」と「さすが」の大きな役割　◎「ノーコメント」でさえ心の中がわかる

いちいち気にしない心が手に入る本

内藤誼人

対人心理学のスペシャリストが教える「何があっても受け流せる」心理学。◎「マイナスの感情」をはびこらせない　◎〝胸を張る〟だけで、こんなに変わる　◎「自分だって捨てたもんじゃない」と思うコツ……etc.「心を変える」方法をマスターできる本！

ちょっとだけ・こっそり・素早く「言い返す」技術

ゆうきゆう

仕事でプライベートで――無神経な言動を繰り返すあの人、この人に「そのひと言」で、人間関係がみるみるラクになる！　＊たちまち形勢が逆転する「絶妙な切り返し術」　＊キツい攻撃も「巧みにかわす」テクニック……人づきあいにはこの〝賢さ〟が必要です！

K30511